U0087764

魅力總統
約翰・甘迺迪

PEACE CORPS

簡學舜　著

三民書局

打開每個人心中的「想像盒」

七十多年前，法國著名作家「安東尼‧聖修伯里」寫過一本廣受歡迎並流傳至今的童話──《小王子》。書中那個好奇又好問的小男孩來自外星球，他純淨的心靈和真摯的感情，一直陪伴著我們地球上一代又一代人的成長。

作家聖修伯里曾經為小王子畫過一個可以讓綿羊居住的盒子。而作家自己也擁有一個珍寶盒，裡面收藏著老照片、舊信件和許多小玩意兒，他常常去翻弄這個盒子，想從中尋找創作的泉源。

三民書局的出版團隊也有這麼一個盛滿「想像」的大盒子，裡面匯集了編輯們經年累月的經驗、心得，以及來自作者、插畫家等的好主意和新點子。多年來，這個團隊不斷為小讀者們出版優秀的人物傳記、勵志叢書等。董事長劉振強先生認為這是出版人的使命，一個好傳統一定要延續下去，讓小讀者永遠有好書可讀，而且每一套書都要精益求精，各具特色。

因此，當我們開始構思下一套新書的方向，如何能夠既延續傳統，又能注入不同的角度和活力，呈現出一番新的面貌，便成為我們的首要考量。

編輯團隊圍坐在一起，慎重的打開我們的「想像盒」，希望從盒裡累積的智慧中汲取靈感。盒內的珍寶攤滿了桌面，眼前立即出現許多引導性的話語，大家一面仔細挑選，一面漸漸理出一個脈絡。

「書寫近代人物，更貼近小讀者的心靈。」

「介紹西方人物，增強小讀者對全球人物的興趣。」

「撰寫某個行業或某個領域中最有代表性的人物，他們的成就

對後世有重大影響，對小讀者有正面啟發作用。」

「多用說故事的方式寫作，以增加趣味性。」

「想像盒」就這樣奇妙的為我們搭起了一個框架，編輯團隊在這個架構中找到了方向，大家興奮的為新叢書定名為「近代領航人物」系列，並決定先從介紹西方人物入手。

框架既已穩固，該添進內容了。如何選取符合條件的撰寫對象，是編輯團隊的再次挑戰。我們又打開了「想像盒」……

「叮」的一聲，盒內跳出一個 "THINK" 的牌子，大家眼前一亮，「那不是 IBM 公司創始人湯姆士・華生的座右銘嗎？意思是要我們海闊天空的去想像，才能產生創意啊！」於是，話匣子打開了。

有人說：「我們每個人手裡都拿著手機，不需要長長的電話線連接，就能無遠弗屆的與人聯繫，但對有『無線電之父──馬可尼』之稱的這個聰明人，我們知道的並不多。」

有人說：「啊！有了，我們何不請最喜歡開飛機的聖修伯里帶大家到義大利去拜訪馬可尼呢？」

有人說：「馬可尼不是已經拍來電報，為我們安排好去巴黎看可可・香奈兒的時裝展示會了嗎？還要去倫敦聽約翰・藍儂的搖滾音樂演唱會哩！」

有人說：「我對時裝展示會沒有太大興趣，但是既然去了巴黎，我倒是很想去看看大文豪雨果筆下的聖母院，也許會碰見那個神祕的鐘樓怪人！」

有人說：「我希望去倫敦時，能走訪唐寧街十號，一睹英國第一位女首相，鐵娘子柴契爾夫人的丰采。」她輕輕咳嗽了一聲，接著說：「我的肺炎剛痊癒，是用了抗生素才治好的。聽說抗生素是英國

細菌學家弗萊明發現的，我也想順便彎去他在倫敦的實驗室參觀一下。」

有人附議：「那太好了，我可以在路邊書報攤買本英國大經濟學家凱因斯主編的《經濟期刊》來一讀。」

有人舉起手來，激動的說：「我原是個害羞沉默的人，自從去上了卡內基的人際關係課程後，才學到怎麼樣表達自己。我想說出我的心願，那就是去美國華盛頓的林肯紀念碑前，聆聽人權鬥士馬丁・路德・金恩博士精彩動人的演講〈我有一個夢想〉。再去附近的國會山莊，參加約翰・甘迺迪的就職典禮，聽他充滿領袖魅力的經典名言，『不要問國家能為你做些什麼，要問你能為國家做些什麼。』」

有人跟著說：「我是環保和人道主義的支持者。既然我們到了美國，我想去緬因州，到環保使者瑞秋・卡森收集海洋生物標本的海邊去走一走。也想去紐約的聯合國兒童基金會總部拜訪兒童親善大使奧黛麗・赫本。這兩位心靈和外表都美麗的女士，一直是我最崇敬的偶像。」

看到大家點頭同意，他急忙追加：「啊，如果還能去洋基球場觀看棒球巨星貝比・魯斯在球場啟用那天轟出的第一支全壘打，那我就太滿足了……」

編輯們彼此會心一笑，這是討論時常有的現象，抱著「想像盒」，天南地北，穿越時空。我們總嘗試以開放的思路，為「傳記」類型的叢書增添更多的新意。

這時一陣歡笑聲響起，原來是美國物理學家費曼為慶祝自己得到諾貝爾獎而開的派對。賓客中有許多知名之士，第一位登陸月球的太空人阿姆斯壯也在其中。聽說費曼正在調查挑戰者號太空梭故

障的原因，阿姆斯壯是他最好的太空顧問！費曼是位科學家，但他興趣廣泛，音樂、舞蹈樣樣精通。只見他隨著熱情洋溢的森巴舞曲，一面打著鼓，一面與現代舞創始人瑪莎‧葛蘭姆翩然起舞。

「別鬧了！費曼先生。」門口走進一位胖嘟嘟，面無表情的老頭，把大家嚇了一大跳！只見他拿起手上的擴音器說了一聲「卡」，啊啊，難道他就是那位驚悚片大導演希區考克？

他嚴肅的接著說：「受世人景仰的南非自由鬥士曼德拉先生剛剛辭世。請大家起立致敬。」

我們這趟「穿越之旅」中的二十位人物即將登場，希望他們的領航故事也能開啟小讀者心中的「想像盒」，將來或可成為另一個新領域中的領航人，傳承發揚人類的智慧和文明。

在此特別感謝為小讀者說故事的作者們，除了正文之外，他們都特別增寫了一篇數百字的「後記」，提綱挈領的道出各撰寫人物對世界的影響，提供小讀者更明確的閱讀指標。同樣也感謝繪製精彩畫面的插畫家們，為使圖文搭配相得益彰，不惜數易其稿。對編輯團隊能讓叢書順利的如期出版，我心存感激。對充滿使命感、長期為小讀者做出貢獻的三民書局，我致上最高的敬意。

對您，選擇讀這套叢書，我誠懇的說聲「謝謝」。有您的支持，讓我們有信心為小讀者打造更多優良讀物。

　　　　　　　　　　張燕風　2013 年歲末寫於臺北

「生命的意義不在長短，而要看對所處時代或後世的影響。」
這是我寫完甘迺迪傳之後的感想。

約翰・甘迺迪（以下簡稱 JFK）是美國第三十五任總統。如果
以「名字被使用的次數」來衡量一個人受到懷念的程度，JFK 可能
是排行榜上第一名。用 JFK 命名的學校超過一百所，取名 JFK 的各
類型建築，如機場、街道、禮堂、博物館……也多得無從計數。

其實，JFK 只當了三年總統，只活了四十六歲，為什麼會有這
麼多人懷念他？

我們或許可以從他的生平來探究。

JFK 出生在一個富裕美滿的家庭。父親約瑟擅長投資經營，家
中財富不斷累積。終其一生，他從不必為錢財或生活擔憂。

但是，JFK 在成長階段，仍然承受了不少痛苦和壓力。他有先
天的愛迪生氏病，從小抵抗力弱，時常生病。成年後，又因背部受
傷及手術失敗，長期飽受背痛的折磨。

JFK 的哥哥是他壓力的主要來源。排行老二的 JFK，有一位才
智出眾，身體健壯的哥哥，處處與他爭強鬥勝。JFK 長期處在要與
兄長一較長短的環境中，備感挫折。

或許就是如此的成長經歷，JFK 十分懂得體恤他人。多次身處
危機，奮不顧身勇救他人。「幫助弱勢族群」更是他從政的主要動機
之一，因此他一就任總統，立刻積極推動民權立法、增加援外活動、
創辦和平部隊。

由於從小喜歡閱讀、思考，JFK 擁有敏銳的觀察力和絕佳的文
筆。他所著的《英格蘭為何睡著了》和《勇者形象》，都在出版之
後，立刻造成轟動。

博覽群籍，才思靈敏不僅讓 JFK 寫出佳作，也讓他的演講撼動人心。有許多 JFK 演說中的金句，常被引用，早已成為家喻戶曉的經典名句。例如：「不要問你的國家能為你做什麼；要問你能為你的國家做什麼。」「我們做這些事（登陸月球），不是因為它們很容易，而是因為它們很艱難！」等等。

在 JFK 遇刺五十年後的今天，他開創的和平部隊和人道援助計畫，仍然幫助著數以百萬計的世人。所以無論我們衡量成功的標準，是「影響了多少人？」還是「被多少人所懷念」，JFK 無疑都是佼佼者。

JFK 充滿朝氣的笑容和幽默開朗的個性極富傳染性，作者在寫書期間，一直心情愉快。希望讀者閱讀本書時，也有同感。如果還能從故事中，進而得到啟發，作者當更感榮幸。

此外，JFK 的一生深受父親影響。約瑟‧甘迺迪教子有方，值得玩味借鏡。本書應也適合家長參閱。

簡學舜

臺灣臺北人，曾旅居五個國家——美國、瑞典、拉脫維亞、英國、巴布亞紐幾內亞（簡稱巴紐）。多年來致力海外中華文化的推廣，先後在紐約長島創辦中文學校；在洛杉磯長灘小學成立華語社；為美國伯利茲語言學院編寫中文童謠三十餘首；在各僑居地教授華語文及中國菜等。著有《中國的飲食藝術》（英文）、《王冠與品德》、《在大自然中讀書》等。

魅力總統
約翰‧甘迺迪

目次

楔　子　002

01　愛爾蘭移民潮　007

02　「必勝」家訓與兄弟情結　013

03　求學歷程
　　——從平凡到卓越　041

04　邁向從政之路　069

05 白宮千日　一展宏圖　　103

06 巨星殞落　舉世哀悼　　130

後　記　　139

CONTENT

約翰・甘迺迪

1917～1963

楔　子

　　1943 年 8 月 2 日深夜，南太平洋所羅門群島附近海域，有一般美國巡邏艇快速駛過。艇上載了十三位船員，他們的任務是在夜幕中搜尋日本戰艦的蹤跡。

　　突然一個巨大的船影冒出黑暗海面。

　　「兩點鐘方向有敵艦！」負責警戒瞭望的船員嚇得大叫。

　　「就備戰位置！」船長立刻下令，卻已經太遲。

　　一陣巨大的爆炸聲響，巡邏艇被日本驅逐艦攔腰撞上，斷成兩截。

　　兩個船員當場斃命。劫後餘生的十一名船員，趕緊抓住船的碎片，在海面上載浮載沉，等

待救援。一連幾個鐘頭過去了，始終沒有任何船隻出現。

天將破曉時，殘破的船身開始下沉。僥倖活命的船員在大海中，疲憊的抓住破船的碎片，奮力划水。他們越來越沉重的喘息聲，讓船長下定決心要帶他們一起脫離險境。

船長四下張望，鄰近的島嶼上好像有日軍埋伏的跡象，但就是不見救援船隻的蹤影。

「不能坐以待斃。」船長決定另尋生路。

「我們一起游到那個小島。」他指著東南方約五公里遠的一個小點。十位船員全都認為太遠了，沒有把握游得到。

「我們能脫困嗎？」一名船員忍不住問。

「當然。」船長肯定的說。

其中有一名船員，在巡邏艇被撞所引起的爆炸中受到嚴重燒傷，無法游泳。他要船長留下他，帶領其他人逃命。但是船長堅持不肯放棄任何人，他讓那名受傷船員穿著救生衣，靠在他的背

上，再用牙齒咬住救生衣上的兩條帶子，拉著他往前游。其他的船員則抱著破船板，跟在後面。一伙人游了五個鐘頭，才到了那個小島。

小島上面有不少椰子樹和矮樹叢，可供船員藏身，躲避日軍的搜索。

當天晚上，船長隻身游往附近一個較大的水域——佛格森水域，希望能看到巡邏艇經過，好向他們求救。這一趟泳程非常危險，船長不只身上、腿上被珊瑚礁刮得傷痕累累，還要避開游得太近的大魚，提防遭到鯊魚的攻擊。一路上海浪將他上下翻騰，極盡折磨，更在黑暗中差點迷路。

等重回到小島時，年輕的船長已是精疲力竭了。

第二天，船長又游了兩趟佛格森水域，仍然看不到任何巡邏艇經過。

除了椰子，船員們已經

好幾天沒有吃其他食物，各個餓得發慌。第三天天一亮，他們撐著僅存的體力游到一公里外的另一個小島。這個小島上，同樣也只有椰子樹和矮樹叢。船員們深受飢餓之苦。

第四天，船長和另一名船員游到一個稍遠的大島去探勘。他們發現了兩個當地土人和獨木舟。還看到一些椰子殼。

船長靈機一動，在椰子殼上刻了一些字：

十一人生還　需要小船
土人知道位置　甘迺迪

字刻好後，船長將椰子殼交給土人，請他們幫忙。

土人立刻划舟出去，尋找救援。

幾天後，8月8日那天，船長和他的船員們終於全部獲救了。

這個機智而勇敢的船長，就是後來當上美國第三十五屆總統的約翰‧甘迺迪。

01

愛爾蘭移民潮

　　約翰·甘迺迪能夠成為美國總統，父親約瑟·甘迺迪無疑是幕後的推手。

　　甘迺迪家的總統之路，在約翰還很小的時候，就已逐步開始鋪設。只是當時的儲備人選並不是約翰，而是他的哥哥小約瑟。但是，後來為什麼是約翰當了總統？小約瑟到哪裡去了呢？

　　故事要從他的父親約瑟·甘迺迪，和母親蘿絲·費茲傑羅說起。

約瑟和蘿絲

約瑟和蘿絲的祖父都來自愛爾蘭。

如果 19 世紀中葉，愛爾蘭沒有發生大饑荒*，

這批愛爾蘭人就不會千里迢迢搭船來到美國，約翰也就不可能在美國出生，20世紀的美國歷史或許會因而改寫。

1845年，愛爾蘭農民發現他們種植的馬鈴薯上面，長了一層白色的黴，使正在生長的馬鈴薯枯萎而死。當年的氣候又很適合這種黴菌生長，枯萎病迅速蔓延，導致接下來的四期馬鈴薯耕植全部失敗，餓死了很多人。為了求生，許多愛爾蘭人只得離鄉背井，另覓活路。

約瑟和蘿絲的祖父，都在那段期間離開愛爾蘭，搭船到美國，在麻薩諸塞州的波士頓上岸，並且定居下來。幾十年過去，兩個家族在波士頓都發展得很成功。

不過，當時的波士頓人對愛爾蘭移民極不友善。除了宗教信仰不同*，波士頓人認為新移民

＊**愛爾蘭大饑荒**：1845到1852年愛爾蘭發生嚴重饑荒。主要糧食作物馬鈴薯染病，全數枯萎、歉收。導致約一百萬人餓死，一百萬人移民到國外。

＊**宗教信仰不同**：波士頓人信仰基督教新教，愛爾蘭移民信仰天主教。

貧窮、骯髒、教育程度低，非常瞧不起他們。即使過了半個多世紀，情況一點也沒有改善，波士頓居民對愛爾蘭移民和他們的後裔，仍舊非常排擠和歧視。

　　約瑟於 1888 年出生。他的父親是成功的生意人，也當過地方民意代表。母親則對孩子的教育很有遠見。她在約瑟中學時，送他去聲譽卓著的

波士頓拉丁學校就讀。約瑟因為在學業和體育方面都表現優異，順利進了哈佛大學。

哈佛大學在當時是有錢和有社會地位的人最喜歡的大學。雖然學校有意讓學生來源更廣，也接受了像約瑟一般來自中等家庭的男學生，但是有錢的子弟仍然占多數。這些家世背景良好的學生，在校園裡組織了許多有名的社團。

約瑟的個性隨和、外向，人緣很好。他很希望這些有名的社團會邀請他加入。想不到他們不但沒有，還拒絕了他的申請。這令約瑟十分的錯愕、難堪，甚至惱怒。

約瑟更注意到，校園外對愛爾蘭後裔的歧視比校園內更嚴重。因此他立志要成功，更要擠進波士頓的上流社會。

約瑟從哈佛大學畢業後，進入金融界。憑著靈活的頭腦和不懈的努力，在二十五歲時，就當了一家小銀行的行長。

　　1917 年，美國加入第一次世界大戰。許多約
瑟的朋友都志願從軍，約瑟也離開銀行，去幫美
軍管理一個造船廠。精明的他跟船廠的經營團隊
達成協議，取得造船廠內員工咖啡廳的營收權。

　　在大戰期間，一年製造十六艘驅逐艦的造船
廠，它的員工咖啡廳自是不小，可以容納一千四
百人。約瑟於是賺到相當豐厚的利潤。

　　蘿絲出身於一個政治家庭。她的父親約翰・
費茲傑羅曾任眾議員和兩任波士頓市長，是一位
成功的政治家。

　　父親當市長的時候，蘿絲曾多次代替母親在
正式場合當女主人。她也曾短期在歐洲遊學，到
過荷蘭、德國、法國、英國。此外，她還能說一
口流利的法、德文。是位大方優雅、充滿知性內
涵的女性。

　　蘿絲和約瑟開始交往時，父親並不贊成，他
認為約瑟配不上自己優秀的女兒。兩人只好偷偷
的約會，直到約瑟從哈佛大學畢業，並在年僅二

十五歲的時候，成為當時最年輕的銀行行長，父親再也找不到反對的理由，兩人才於 1914 年如願成婚。

02

「必勝」家訓與
兄弟情結

　　約翰於 1917 年 5 月 29 日在波士頓的郊區布魯克萊鎮出生。他是約瑟與蘿絲的第二個孩子。蘿絲跟父親感情很好，用了父親的名字為孩子命名。因此孩子的全名是約翰・費茲傑羅・甘迺迪，家人、朋友都暱稱*他傑克。

　　所以約翰・甘迺迪又叫傑克・甘迺迪，名字第一個字母的縮寫則是 JFK*。

---

*暱稱：許多美國名字多有暱稱。例如巴比是勞勃的暱稱，比爾是威廉的暱稱，而傑克是約翰的暱稱等等。

*JFK：是約翰・甘迺迪全名 John Fitzgerald Kennedy 第一個字母的縮寫。美國媒體多以 JFK 稱呼他。

猩紅熱

棕髮藍眼的傑克，有著一個滿布雀斑的瘦削臉龐，和兩隻有點凸出的耳朵。蘿絲每每看著他，就會聯想到愛爾蘭童話中的小精靈。

「真是一個活靈活現的小精靈！」她說。

傑克沒生病的時候，是個充滿活力、討人喜歡的小男孩。但他在兩歲半時得了猩紅熱＊。當時盤尼西林＊尚未問市，所以染病的孩子死亡率很高。猩紅熱不但致命，也具有傳染性，所以傑克必須和家人隔離。

瘦小的傑克病懨懨的躺在床上，身上長滿了紅疹，喉嚨腫痛，並發著高燒。他很想念媽媽，

＊猩紅熱：是鏈球菌引起的一種疾病。症狀是全身長紅疹、發燒、喉嚨及舌頭腫脹疼痛、頭痛、全身痠痛、嘔吐。在盤尼西林尚未發現以前，是很嚴重的小兒傳染病。

＊盤尼西林：是一種抗生素，用於治療鏈球菌或葡萄球菌引起的疾病。於1928 年由蘇格蘭科學家亞歷山大・弗萊明 (Alexander Fleming) 發現。

但是卻一直見不著她。照顧他的愛爾蘭褓姆，為了轉移他的注意力，說了許多小精靈的故事。但是現在的他病得昏昏沉沉，時睡時醒，這些平日最愛的故事，一點都沒有聽進去。

傑克的高燒一直不退，所以約瑟趕緊將他送到設備最好的波士頓市立醫院治療。幼小的傑克獨自住進隔離病房裡，周遭的一切全是陌生的，戴著口罩的醫生和護士進進出出，讓傑克相當不安、害怕；濃烈的藥水味和醫師長袍發出的窸窣聲，也讓他很不舒服。他想家，更想念媽媽。

約瑟每天提早下班，坐在傑克的病床前陪他說話、為他禱告。約瑟甚至向神許諾，若孩子能康復，他願意捐一半的財產給天主教的慈善機構。

蘿絲生產後，身體稍微復原些，就趕緊到醫院。看到傑克病弱的模樣，禁不住淚流滿面。她說：「我可憐的孩

子，怎麼會病得這麼重啊！」

蘿絲知道自己的焦慮對傑克毫無幫助，只能不停的禱告，祈求神讓孩子早點痊癒。

或許神真的聽到他們的禱告，一個月後，傑克的高燒開始減退，紅疹也慢慢消失。身體好轉後，傑克忘記了經歷過的疼痛、孤獨和害怕，臉上又恢復了愉快的笑容。只是尚未完全康復，所以還得在醫院多住一個月。

傑克性情開朗、活潑，照顧他的護士們都很喜歡他。一位護士說：「傑克是我見過最乖的小男孩。」另一位說：「小傑克從不抱怨，是我最喜歡的小病人。」

為了實現對神的承諾，約瑟捐了三千五百美元給一所天主教的醫療機構。在當時一般人一週工資只有幾塊錢的情況下，這可是一筆非常巨大的金額。

雖然傑克的猩紅熱好了，但身體仍舊虛弱，感冒、胃痛、過敏，甚至嚴重的支氣管炎、水痘、

百日咳、腮腺炎、德國麻疹……都陸續來折磨他。可憐的傑克，他的童年就在病痛不斷中度過。

愛作白日夢

在傑克出生之後，蘿絲在四年內陸續生了三個孩子。分別是 1918 年的蘿絲瑪麗、1920 年的凱瑟琳（暱稱「凱克」）、1921 年的優妮絲。

做事一向有條理的蘿絲，開始為孩子們做資料卡。每個孩子一張，寫上他們的生日、受洗日、身高、體重，還加上生病日期、病名等等。在蘿絲準備的資料卡上，傑克的生病紀錄永遠是最多最長的。

傑克對於自己常常臥病在床並沒有太多的抱怨。因為只有這個時候，他才能獨享媽媽全部的注意力。

五歲的傑克已經有了三個妹妹。其中大妹蘿絲瑪麗是個有智能障礙的孩子。蘿絲為了教導蘿

絲瑪麗基本的生活能力，就已花費了很多時間。剩下的一點時間，還要平分給四個孩子。所以當傑克生病時，蘿絲單獨為他一個人讀故事，是傑克覺得最幸福的時刻。

傑克在蘿絲的聲音裡，可以任憑自己的想像盡情延伸。在媽媽述說的奇妙世界裡，傑克完全忘記了疾病帶來的不適。傑克對書本和閱讀的喜愛，就是在這麼小的時候，聽蘿絲讀故事書開始產生的。

傑克不生病的時候，非常調皮，總是喜歡惡作劇作弄人，常惹得蘿絲生氣，想用衣架打他屁

股。這時機靈滑頭的傑克，就會學漫畫書上的人物，拿個枕頭塞在褲子裡。這舉動常惹得蘿絲忍不住笑出來，有時就只好讓他蒙混過去。

　　蘿絲非常注重生活細節，她要孩子們穿著整齊、吃飯守時。傑克對這些規矩卻絲毫不放在心上。他的襯衫總是有一截露在褲子外頭，吃飯也

常常遲到。此外，他任由衣服在房間地上堆成一堆、放在口袋裡的零用錢老是不見、在上課時注意力到處漫遊……幾乎他做的每一件事都與蘿絲所強調的「秩序與規律」相反。蘿絲非常操心，她在傑克後面不斷督促，但傑克的「心不在焉」依然沒有改善。

多年後，蘿絲回憶幼年時的傑克，她說：「當他做算術作業，或是撿起地上的衣服時，我常覺得他的心思只有一半放在正在做的事情上，其餘的心思則擺在遙遠的地方，編織著白日夢。」

蘿絲喜歡帶孩子們去參觀波士頓附近的名勝古蹟和海港。參觀的時候，蘿絲會先作簡介，再講述相關的傳說或故事。這些有趣的出遊經驗，令傑克對歷史產生極大的興趣。

無論喜好閱讀或是熱愛歷史，都是蘿絲帶給傑克的重要影響。像是送了他一把開啟世界之門的鑰匙，傑克從此能夠自由自在的利用浩瀚的知識寶庫。

「我們要的是勝利者」

約瑟在大戰後離開造船廠，轉投資股票市場，又賺了不少錢。凱瑟琳出生的時候，甘迺迪夫婦決定換一棟較大的房子。

1920 年的秋天，甘迺迪家從畢爾斯街的小樓房＊，搬到那波斯路一棟有十二個房間的大房子。家中增聘了傭人、司機和廚師，並添置許多二〇年代的新產品，如冰箱、洗衣機和吸塵器。

約瑟非常重視家庭。他常說：「我的事業就是我的家庭，我的家庭就是我的事業。」

他尤其關心孩子的成長。雖常在外作生意，只要回到家，他的注意力就全放在孩子們身上。孩子小的時候，他會跟他們一起讀報紙上的漫

＊畢爾斯街的小樓房：現已成為美國國家歷史景點。內部陳設維持傑克幼年時的樣貌，供人參觀。

畫；與孩子交談時，他會配合敘述的內容，作出各種誇大的臉部表情、肢體動作，逗他們開心。等孩子稍大些，他和他們討論新聞或各種有趣的題目，不僅耐心的傾聽他們的看法，並且認真回應。孩子們都能感受到父親的關愛與尊重，也很珍惜他在家的時光。

約瑟也有嚴肅的一面。他要孩子們做任何事都一定要盡全力做到最好。他最常說的一句話就是：「在這個屋子裡，我們要的是勝利者，我們不要失敗者。」這句話傑克從小聽到大，早就耳熟能詳。

約瑟疼愛每個孩子，但長子小約瑟才是他最大的驕傲。小約瑟是資優生，也是運動健將，更是天生的領導者。在父親的薰陶下，他從小就事事求贏，不論是打球還是做功課，都懷著必勝的決心。而他也往往都能如願。小約瑟因為聰明、健康、

成績好，又是家中的長子，甘迺迪夫婦期望他成為弟妹們的榜樣，對他非常關注。

這時甘迺迪夫婦已晉身愛爾蘭族群的上流社會，約瑟更相信自己是愛爾蘭移民後裔中一個成功的典範。但是許多波士頓人仍看不起他，認為他是個汲汲營營、拚命攀爬社會地位的人。這讓約瑟下定決心，總有一天，他要讓這些人知道甘迺迪是一個不容輕視的家族。他萌生了許多想法，也對自己的孩子有一些期望和計畫。尤其是小約瑟，不僅承襲了他的名字，也是他遠大計畫的繼承者。

「你敢嗎？」

小約瑟對自己的大哥身分，充滿責任感。他對弟妹們很和善，也樂意幫助他們，唯獨對傑克例外。

小約瑟從來不讓傑克。在傑克眼中，他是一

個「霸道、愛吵架、好爭鬥」的哥哥。例如每當兩人一起玩棒球時，小約瑟不是傳球讓傑克接，而是把球用力對著他丟過去。有時球擲得太猛，把傑克都打暈了。

做哥哥的小約瑟有時差遣弟弟傑克跑腿，不單用嘴說，還常伴隨著拳頭一起下達指令。

也許是兩人年齡接近，或由於父親太重視輸贏，傑克與小約瑟不論在家裡、在學校或是在運動場上，都彼此對立競爭。而不論是打架或是玩摔角遊戲，輸的永遠是傑克。

有一次，兩人外出騎車來到了一處廣場，小約瑟突然說：「傑克，我們來賽車。」比賽規則是，兩人背對著出發，騎一圈後，會迎面對著騎。這時誰先停止、退縮或轉向，誰就是輸家。

「你敢嗎？」小約瑟問。

「我當然敢。而且我一定會贏你。」傑克回答。並下定決心，絕不退縮。

傑克騎得很快，與小約瑟幾乎面對面時，他

不但不減速、不轉向，還毫不猶豫的向小約瑟衝了過去。結果，傑克被送到醫院，頭上縫了二十八針。但是傑克一點也不後悔，他絕對不能在小約瑟的面前膽怯，因為贏過小約瑟對他來說實在太重要了。

甘迺迪夫婦非常鼓勵孩子表達自己的想法，時常利用吃晚飯的時間與孩子討論一些有趣的題目。例如：「佛羅里達州的州名從何而來？這個字原來的意思是什麼？」「想一想，有哪些城市的名稱是西班牙文？」「哪一州有最多的城市用西班牙文命名？」等等。

為了爭取父母的注意，晚餐的餐桌成了傑克和小約瑟的另一個競逐場所。而傑克喜愛閱讀的好習慣在這裡發揮了作用。

在成長的階段，不論健康好壞，傑克持續的閱讀。從《狐狸雷迪奇遇記》的冒險故事開始，再跟著《鬍鬚比利》中的山羊，周遊了許多國家。他喜歡那些能帶他遠離病床四處遨遊的書：《金

銀島》、《小鹿斑比》、《黑美人》。他尤其愛《亞瑟王與圓桌騎士》，書中國王和勇敢的騎士們對真理、正義、忠誠的維護與追求，讓傑克深深的著迷。因此，每次甘迺迪夫婦在考驗孩子們時，傑克總能快速的找出答案。

蘿絲常說：「傑克有強烈的浪漫和理想主義氣質。」這也許和他喜愛的書有關。閱讀開拓了傑克的想像力，也培養出他在不同環境中，隨機應變的能力。閱讀使傑克與眾不同，妹妹優妮絲更稱呼傑克是「家中的智者」。這些都是小約瑟無法企及的。

德斯特小學

約瑟拚命賺錢不只是為了致富，他試圖將財富當墊腳石，用來抬高甘迺迪家的社會地位。他的第一個計畫，就是送兒子去最好的學校。

1924 年秋天，九歲的小約瑟和七歲的傑克，

從住家附近的公立小學轉到只收男學生的私立小學──德斯特小學。德斯特的學生全來自有錢的家庭，也全是基督徒。小約瑟和傑克成了校內僅有的愛爾蘭天主教徒。

這些德斯特的學生受到家人和社會偏見的影響，也認為愛爾蘭人骯髒、不誠實，對兩兄弟很

歧視。有時會用輕蔑的語氣叫他們「喂，愛爾蘭的」或「天主教的」。每次有人這樣稱呼他們時，個性衝動的小約瑟會立刻向對方挑戰，要求打一架。傑克則冷靜的和其他男孩打賭，看看小約瑟會不會贏。賭注是當時孩子們最喜歡的彈珠，而通常傑克會贏一袋彈珠帶回家。

那陣子，德斯特的家長私底下對約瑟的商業手段議論紛紛。當時社會上謠傳約瑟和私酒販子合作，將私酒偷偷運進美國，並從中獲取暴利。此外，也有人說約瑟在股票市場，利用內線交易*操縱股票價格，圖利自己。當時內線交易雖然合法，卻是一般人所不齒的行為。所以德斯特的家長都不想跟約瑟有任何來往。

德斯特是小班制教學，校長和老師都十分認真。在所有學科裡，傑克最喜歡歷史和英文閱讀。

*內線交易：指在知道一些公司股票或債券尚未公布的內幕消息後，從事該股票或債券的買賣，以獲取暴利的行為。

但是就像他一貫的作風——穿衣馬虎、吃飯不準時，傑克對於字的拼法也毫不在意，寫造句或作文時，總是錯字連篇。此外，文法規則複雜的拉丁文和數學，也是傑克比較不喜歡的科目。

強調均衡發展的德斯特非常重視體育活動，在這股風氣下，小約瑟和傑克都參加了學校的橄欖球隊。

1926 年秋天，兩人第一次出場比賽，約瑟特地抽空回到布魯克萊鎮為他們加油。小約瑟強壯結實，天生適合打橄欖球，他在防守線來回奔跑，十分活躍。傑克則運球靈活、傳球快速、球技高超。比賽結束，傑克贏得了「最有價值球員」的榮銜。

這是非常具有意義的一場球賽，傑克無比興奮，兩人從小競爭到大，傑克總是屈居下風。這次他知道只要透過努力，也可以贏過小約瑟，這份

勝利讓他對自己更有信心。他不斷磨練球技，之後成了德斯特橄欖球隊的四分衛，後來更當上隊長。

　傑克成為隊長那天，約瑟特地發了一封電報給他，稱呼他「傑克‧甘迺迪隊長」。爸爸的肯定令傑克非常高興。

　兩兄弟逐漸適應了德斯特的生活，交了許多朋友，課業上也有不錯的成績。

　不過這時德斯特卻突然宣布要將土地賣給開發商，並關閉學校。為了不讓孩子中斷學業，約瑟聯合一些家長將學校買下來，繼續聘用原來的校長，並自任學校董事會的成員。其他德斯特的家長雖然曾批評約瑟經營致富的方式，但這一回，當他用金錢和影響力維持學校營運，就沒有人再去追究了。

遷居紐約

約瑟忙於事業，經常不在波士頓。1920 年代中旬，他又多了一項投資——電影事業，更是需要經常往返加州與紐約。於是 1927 年秋天，約瑟做了一個重大決定，就是舉家搬到紐約市。

十歲的傑克和十二歲的小約瑟轉學到有名的河谷郡小學，分別就讀五年級和六年級。這時的傑克，長得比同年齡的孩子矮小。臉龐瘦削，顯得兩眼距離有點寬，門牙很大，尖鼻子上布滿雀斑，捲髮總是零亂的披在額前。他在學校的成績中等，英文和歷史仍是他最喜歡的學科。老師對他的評語是：「很有幽默感」，「在運動比賽時有強烈的好勝心」。

搬到紐約的同時，約瑟在麻州鱈魚岬的海尼斯港也買了一棟海濱別墅。這是一棟白色的大房子，房子前面有一片兩畝大的空地，一直連到海

邊。約瑟在這上面蓋了網球場和游泳池。白色的海濱別墅寬敞而舒服，很快的就成了甘迺迪家休閒度假的主要場所。

夏天的海尼斯港有許多比賽：帆船比賽、網球比賽、游泳比賽……。約瑟認為這是孩子們體驗「贏的重要性」的最好機會，所以他讓他們參加所有的比賽。而甘迺迪家的孩子們也都不辜負他的期望。他們是這些比賽的常勝軍，贏了很多名次和獎品。

比賽的空檔，約瑟聘請了一些教練，幫孩子們訓練體能、運動技能和比賽技巧。

每天從上午七點的健身操開始，接著是網球、高爾夫球，或是游泳、駕駛帆船，孩子們的課程排得滿滿的。所以夏天時，海尼斯港海邊的白色房子裡，總是充滿了孩子的歡笑聲和喧鬧聲。

為了讓兩個大男孩學帆船駕駛，約瑟買了兩艘單桅帆船分別送給傑克和小約瑟。傑克將他的帆船命名為「勝利號」。有一天兩個男孩從家中的

陽臺，遠遠的看到一個水手在大海中幾乎滅頂，兩人趕緊駕著勝利號去救人。

兩兄弟的外公得知此事後，便將這故事告訴了《波士頓郵報》。於是兩個男孩大膽而英勇的行為，在報上被刊登了出來。

傑克在海尼斯港學會了帆船駕駛，也在那裡擁有生平第一艘帆船。他因此非常喜歡大海。對他來說，游泳、駕船、呼吸海邊帶有鹹味的空氣，或是在沙灘上走路，都能讓他無比的輕鬆自在。而海邊的假期也是他生命中最快樂的時光。

請求增加零用錢

甘迺迪家雖然很有錢，但是蘿絲教育孩子們要懂得金錢的價值，要「不奢侈、不浪費」。她最

喜歡引用《聖經》上的經句：「多給誰，就向誰多取，多託誰，就向誰多要」，並時常提醒孩子「金錢帶來相對的責任」，當人們擁有較多金錢時，要負擔的責任也就越重大。

甘迺迪夫婦只給孩子們少許零用錢，用來給家人購買生日或聖誕禮物。傑克十歲時的零用錢是四十分錢（當時，一個冰淇淋聖代十分錢，一本漫畫書五分錢）。當他成了童子軍時，因為零用錢不夠用，他寫了一封信給爸爸。

> 我現在的零用錢是四十分錢，可以用來買小飛機一類的玩具。可是我已經是童子軍了，我不會再購買那些幼稚的東西。……身為童子軍，我需要購買水壺、糧袋、毯子、探照燈、雨衣等等可以用好幾年的東西。這些東西我以後還隨時可以用到，不像從前買了香草冰淇淋聖代，吃完後就沒有了。所以我要請求增加三十分零用錢，

好讓我購買童軍用品，也讓我更自由的選擇我要的東西。

這封信說服了約瑟和蘿絲，他們增加了他的零用錢，甚至還把他的信和其他重要的文件放在一起，保留了下來。這證明傑克從小就有不錯的能力，能說服別人。

手足情深

1928 年夏天，約瑟在布朗士維爾郡買了一棟有二十個房間的豪宅。甘迺迪家從河谷郡搬到了布朗士維爾郡。

搬到布朗士維爾時，十一歲的傑克開始對自己與小約瑟之間的競爭感到厭倦。尤其自己常常贏不了小約瑟，於是在不知不覺間，他將小約瑟當成一個「相

反的典範」，專做與小約瑟相反的事。

小約瑟若是小心而仔細，傑克就顯得粗心而草率；小約瑟對功課學習很認真，傑克就故意表現得毫不在乎；小約瑟脾氣急躁，傑克則想辦法讓自己冷靜而有節制。

這時甘迺迪家又增加了幾位成員。包括派翠西亞（暱稱「珮」）、勞勃（暱稱「巴比」）和琴。 *

傑克深愛他的弟弟妹妹，他和每位弟妹的感情都很要好。尤其對蘿絲瑪麗更是呵護備至，他是她的守護者。不管其他孩子要做什麼活動，傑克總是確保蘿絲瑪麗是安全的 ， 不讓任何人欺負她。

另外三個妹妹優妮絲 、 珮和琴都很崇拜傑克，因為傑克詼諧、有趣、幽默、調皮，跟他在

＊**甘迺迪家的孩子們**：到 1932 年最年幼的愛德華（暱稱泰迪或泰德）出生為止，甘迺迪家一共有九個孩子。分別是小約瑟 (1915)、傑克 (1917)、蘿絲瑪麗 (1918)、凱克 (1920)、優妮絲 (1921)、珮 (1924)、巴比 (1925)、琴 (1928)、泰迪 (1932)。

一起，她們總是很開心。

在巴比心目中，傑克是個大英雄。巴比總是黏著傑克，樂於做他的跟屁蟲。巴比比傑克小八歲，在還沒上學時，天天在家焦急的等傑克放學，好帶他出去玩。兩兄弟時常手牽著手散步，這時傑克會說許多英雄冒險故事給他聽，尤其是傑克最喜愛的《亞瑟王與圓桌騎士》。

凱克比傑克小三歲，她的個性跟傑克很像，同樣機智、淘氣，說話詼諧逗趣。所以在眾兄妹中，凱克與傑克兩人的感情最好。

甘迺迪家的手足之間感情很深，具有很強的凝聚力。即使傑克和小約瑟偶爾意見不合，但面對外人時，他們永遠站在同一陣線，甚至互相讚賞對方。

求學歷程
──從平凡到卓越

　　在河谷郡小學那幾年，傑克過得很不錯。他的健康穩定，成績也進步了。六年級時，他的歷史成績得了九十七分，他的作文贏得了學校的「最佳寫作獎」。但是隨著他升上中學，這段無憂無慮的日子就要結束了。

　　甘迺迪夫婦決定將兩個大男孩送到寄宿學校。約瑟認為，如果孩子們能在一個好的寄宿學校讀中學，他們將來進哈佛大學的機會較大。

　　第一個離家的是小約瑟。1929 年小約瑟進了丘特寄宿中學──一所著名的一流男校。

　　1930 年秋天，傑克也準備加入丘特寄宿生的行列。當時約瑟不在紐約，蘿絲認為教會學校的約束，可能對傑克的生活習慣有幫助，所以臨時

決定將傑克送到肯特貝瑞天主教中學。

想家

「這是一個好地方，但是第一個晚上我好想家。雖然橄欖球場看起來不怎麼樣，不過游泳池很棒。有很多關於宗教的課和一些其他課程都很難。」

初次離家的傑克，因為想家，給家裡寫了很多信。在信裡面他談了很多：他的成績、活動、健康、信仰、想法等等。雖然錯字很多，但是可以看到傑克對許多事情的看法和他的成長歷程。

像是他終於開始注意自己的外表了。到肯特貝瑞不久，傑克寫信給媽媽：「請寄一套跟小約瑟一樣的灰色長褲給我。它可以搭配我的藍色外套和新的黑皮鞋，下次我到紐約時還可搭配我的灰色西裝。」蘿絲沒仔細讀信，寄了另一套西裝給他。傑克寄回西裝，並附了一張字條說他不喜歡

那個顏色，還說：「看起來像是穿了會癢的質料。」

在學業上，除了拉丁文，傑克其他學科的成績都不錯，尤其是英文。傑克在信上這樣寫著：「雖然我常忘記車票、手套之類的東西放在哪裡，不過我記得住愛文侯*的許多事跡。像上次我們就用這本書考試，我得了九十八分。」

時間來到 1929 年 10 月 29 日，人稱黑色星期二。就在這一天，美國股市暴跌，所有私人銀行、公司擁有的股票和退休基金，全部跌至谷底。不僅在經濟上造成一波大災難，更進而引起 1930 年代的經濟「大蕭條*」。整個國家中，一半以上的薪水階級失去工作，無法養家，許多

---

* **愛文侯**：是《劫後英雄傳》的主角。

* **大蕭條**：指 1930 年代蔓延全世界的嚴重經濟不景氣。從股市暴跌開始，
　　引起一連串的連鎖反應：瘋狂擠兌、銀行倒閉、工廠關門、工人失業、
　　普遍窮困等。

有錢人的財富也在一夜之間徹底消失。在各大城市，排隊領救濟物資的窮人，長達好幾個街區。

約瑟是個機靈的投資者，他長期觀察股市變化，早已察覺股票價格被過度高估，遲早會下跌，所以在股價還很高的時候，賣掉了所有股票。黑色星期二之後，他的資產絲毫不受影響，甚至比從前更有錢。

傑克注意到整個社會的經濟狀況越來越糟，他很想知道什麼是「股市大跌」和它對人們的影響。他請父親寄相關資訊給他，同時要求訂閱報紙來獲得新知。傑克從此養成讀報的習慣，並對時事非常的關心。

在另一方面，幾乎從進入肯特貝瑞開始，傑克的健康情形就漸漸變差。他體重減輕、視線模糊、腸胃不適、背痛，也時常感覺疲倦。

但是體弱多病的傑克，並沒有自怨自艾或情緒消沉，相反的，他常拿自己的病痛開玩笑。他跟同學說，如果將來有人要為他作傳，可以用這

個書名：「傑克‧甘迺迪，一個醫藥界的歷史紀錄」。他也常拿巴比的玩笑話來自嘲：「蚊子如果吸了傑克的血，一定很快就會掛掉。」傑克似乎很早就知道：「對待病痛等麻煩的事，最好的方法就是自我解嘲。」

復活節後的某一天，傑克突然胃痛、昏倒。在學校附近的醫院裡，醫生為他作了緊急的盲腸切除手術。但是手術後身體恢復得很慢。甘迺迪夫婦讓他回家休養，同時決定將傑克轉到丘特中學就讀。

丘特中學

丘特中學是新英格蘭區富裕家庭的首選，不是沒有原因的。它的校規嚴格，課程難度很高。學生在學業上、社交禮儀上、生活秩序上都被嚴格要求。

在如此高標準的校園氣氛下，十四歲的傑克

進了丘特中學,成為九年級新鮮人。學校裡,人緣不錯的孩子都有綽號,或許是傑克的牙齒在瘦削的臉頰下顯得有點凸出,他立刻得了一個「鼠臉」的綽號。

學期開始一個月後,校長夫人聖約翰太太寫信給蘿絲:「每個人都喜歡妳的男孩。他也很快就融入這裡的生活。」不過,教職員們對傑克的好

印象很快就消失了。舍監蓋先生在寫給甘迺迪夫
婦的第一次報告上，很含蓄的提到：「傑克的個性
很好，所有宿舍內的男孩都很喜歡他，只是宿舍
規矩對他來說有點困擾。」

　　學生宿舍要隨時保持整齊清潔，但是傑克每
天都會違反規定。他的衣服總是丟成一堆，書本
散了滿地，揉成一團的廢紙，在垃圾桶外的比在
桶內的多。蓋先生在傑克後面，不斷的提醒他要
收拾整潔，卻完全沒效果。

　　傑克雖然帶給蓋先生很多麻煩，蓋先生還是
很喜歡他。蓋先生說：「傑克的舉止有趣，逗人開
心……他的笑容和他討人喜歡的個性，讓我拿他
沒辦法。」

　　傑克的同學也認為他的胡鬧和玩笑很有趣。
他有時將床墊套上短了一截的被單；有時將枕頭
堆滿房間，讓人進不了門。有一次蘿絲從佛羅里
達寄了一箱橘子給他，他將水果當成投擲的武
器，對著路過的同學發射；還有一次，他從附近

戲院偷了一個和真人一般大小的女明星人像紙板，他將紙板放在床上，蓋上被單，想讓打掃的歐巴桑嚇一跳。

雖然傑克的在校成績中等，知識卻很淵博。當時有一個廣播問答節目叫「請提供資訊」，參加者要很迅速的回答問題。題目的範圍很廣，題材也包羅萬象。傑克是節目的忠實聽眾，他幾乎可以回答所有問題，讓他的同學們非常訝異。其實，

這是因為傑克喜愛閱讀，從
書上學到了很多知識，並且
牢記在心。

　　11 月時傑克因淋巴腺腫
大，住進了醫務室，醫生當時查不出原因。後來，
他又同樣因淋巴腫大，數次進出醫務室。生病讓
傑克虛弱、不適，但是醫生卻一直找不出病因。

　　不良的健康狀況加上馬虎的學習態度，傑克
的成績總是低空飛過，尤其是法文和拉丁文。蓋
先生設法每晚幫他複習生字和補習代數，也不准
他晚自習時離開房間，但是完全無效。

　　為了補修法文和拉丁文，傑克必須留校參加
暑期班。傑克很懊惱放假不能回家，尤其家中又
多了一個新成員——小泰迪。傑克很想回去看看
他——小泰迪在 1932 年 2 月出生，是甘迺迪家最
小的孩子。

　　對於甘迺迪家不斷增加人口，傑克也忍不住
開自家玩笑。泰迪出生後不久，有一次，傑克與

一群朋友約在布朗士維爾火車站見面，他告訴他們：「經過我家時，請等我一下。我想進去看看家裡是否又多了新成員。」到家後，他果真走進去。再出來時，他用半開玩笑半驚恐的口氣說：「哇，我的天，真的有耶！」逗得朋友們哈哈大笑。

哈佛獎座

傑克升上十年級，也長高很多。長期游泳、打球，讓他舉手投足之間，自然而然的流露出靈活、瀟灑的氣質。雖然有「鼠臉」的綽號，然而一頭濃密的紅褐色頭髮和一雙充滿好奇的灰藍色眼睛，已讓傑克轉變成一個相當俊俏的年輕人，連來丘特參加舞會的女校學生們，都開始注意到他。

傑克參加了丘特的橄欖球隊和棒球隊，教練和隊友對他在比賽時求勝的意志力，都非常讚賞。他的學業成績進步了，英文老師也誇讚他的作文寫得好。看來，傑克這一年表現不錯。然而，

1932 這年更是小約瑟光榮的一年。

5 月底的一個星期六，畢業班舉行頒獎典禮。那天有不少獎項要頒發，如學業傑出獎、最佳演說獎、最佳體育獎等等。其中，最令畢業生嚮往的，就是「哈佛獎座」。哈佛獎座是一個小銅雕，刻成一個腋下夾著橄欖球的球員正在跑步的樣子。這座銅雕是由哈佛大學捐給丘特的，專門頒發給學業成績和運動表現都最優秀的畢業生。

那個特別的下午，在甘迺迪夫婦面前，小約瑟走上頒獎臺，在觀眾熱烈的掌聲中，接受了哈佛獎座。

小約瑟領獎時，傑克的眼睛一直看著爸爸。約瑟的臉上閃耀著驕傲的光彩，兩手不停的大聲鼓掌。

典禮後，傑克立刻離開會場，跟他的好友李蒙走到一個安靜的角落。他對李蒙說：「我知道我比小約瑟聰明，但是沒人懂，尤其我的父母更不明白。」

傑克認為他的聰明不僅跟小約瑟的不一樣，而且比小約瑟的更好。他說：「是啊，小約瑟可以複述老師要他記住的所有東西，那又如何？我有一個有創意的頭腦，不只是會記住事實，還會出主意、有想法，是會構思的那種頭腦。」他接著說：「但是我的能力沒法從考試看出來。」

傑克甚至認為在運動方面，自己也比小約瑟優秀。小約瑟花了很多時間，非常努力鍛鍊運動技能，但是他的反應有時還沒有傑克靈敏。

「假如我能像小約瑟一樣健康，我一定是一個比他更出色的運動員。」傑克說。

毫無疑問的，傑克很聰明，他閱讀範圍很廣泛，尤其偏愛歷史和傳記方面的書籍。

優妮絲曾說傑克是「家中的智者」。

「我不知道有哪個孩子會像傑克一樣，在十四歲時就訂閱《紐約時報》……而且他每天早上

都看。」李蒙對傑克每天讀《紐約時報》一事感到驚嘆。

蘿絲也說：「你絕不會在看到傑克時，他的手上沒有拿著一本書。」

傑克以為沒有人了解他，其實大家都知道傑克有他個人獨特的優點，只是他自己不清楚而已。

愛迪生氏病

傑克在十一年級時，又生病了。不幸的是，這次的病非常嚴重。

聖誕假期後，傑克開始覺得不舒服。到了 2 月，他突然昏倒，白血球數目很低，發炎症狀逐漸蔓延全身。學校醫務室無法處理，即刻將他送往大一點的醫院。經過無數的檢驗，醫生群仍無法做出結論。一個醫生說是肝炎，另一個醫生說是貧血，還有醫生猜測是嚴重且致命的血癌。

最後，診斷終於出來了，傑克得的是「愛迪

生氏病*」。病因是腎上腺體失去功能，無法分泌一些重要的荷爾蒙。病徵包括：虛弱、體重減輕、噁心、暈眩。嚴重時，循環系統可能停擺，最後身體連發炎感染都無法抵擋。傑克長期以來的健康問題，很可能都是愛迪生氏病的初期症狀。

這段期間丘特的每個人都為傑克擔心，學校教堂還為傑克成立了一個特別禱告會。李蒙憂心的說：「他跟死亡真的非常接近。」但幸運之神未曾放棄他，在醫院待了一個月後，傑克終於慢慢好轉。

***愛迪生氏病**：是一種內分泌失調的疾病。患者因腎上腺萎縮，導致腎上腺皮質素分泌不夠。症狀通常是：食欲不振、嘔吐、體重減輕、虛弱無力。20世紀初期，對愛迪生氏症的認識還很少，病患常被誤診。三〇年代後期，治療藥物問世，疾病才獲得控制。

躺在病床上的傑克，未曾失去他的幽默感。

連著好幾天，醫院只給傑克流質食物。當他終於可以改吃固體食物時，他裝可憐的對來看他的校長夫人聖約翰太太說：「他們總算給我東西吃了。再不給的話，下回護士進來查看我的病床時，會發現病人早已餓扁消失了！」

內在的眼睛

就讀丘特那幾年，傑克躺在醫務室的日子比任何同學都多。就像孩童時期，生病的他獲得母親的額外關注，青少年的傑克即使受到疾病禁錮，卻也有意想不到的正面收穫。

因為生病，使他有機會從人生的參與者暫時變成觀察者。他有很多時間仔細觀察周遭的世界，從而能夠「看穿表象之下真實的面貌」。李蒙稱傑克有雙「內在的眼睛」。

傑克能很快看出有些人口裡說一件事，做的

卻是另一回事。這些言行不一的人，也包括他的
父母親。譬如說，他們非常重視家庭，卻又找各
種機會外出*，不和孩子們在一起。

　病床上漫長的時光，給傑克充分的時間，培

養對事情的洞察力和判斷力。從另一個角度看，如果他很健康，這些收穫都是不可能得到的。

　　由於年紀輕輕就受到疾病長期折磨，傑克很早就領悟出人生並非處處公平的道理。他十一年級時寫了一篇論文〈公平〉。這篇論文不僅顯露出他優秀的文筆，更難得的是，一個在優渥環境下成長的年輕人，竟能從社會弱勢者的角度，來討論不公平的現象。

最可能成功的畢業生

　　傑克自己承認：「我不是很用功。」舍監蓋先生曾在給甘迺迪夫婦的報告上說：「他對所有的作業都很隨便、漫不經心……總是拖到最後一分鐘才肯讀書。」

　　比起做功課，傑克更喜歡交朋友。他的幽默感也帶給他極好的人緣。

　　妹妹優妮絲曾說：「小約瑟比較有個性，但是

傑克則更有魅力。」

　　校長聖約翰先生也同意：「所有男孩都愛跟他在一起，」他誇張的說：「當他露出閃亮的笑容時，樹上的鳥都會被他迷得跌下來。」

　　十二年級時，傑克和一群朋友組了一個自稱「無賴幫」的社團。每晚在傑克房間開會，盤算如何胡鬧和惡作劇，例如違反宿舍規矩、粗魯玩鬧、晚上偷溜出學校買奶昔等等。無賴幫在學校裡做了很多調皮搗蛋的事情，令校長和舍監都很頭痛。

　　有一天晚上，他們又偷溜出校門到附近的冰淇淋店。回學校時，不巧撞見校長。學校立刻通知家長，幾個大男孩面臨將被退學的命運。憂慮的家長們和校長進行漫長的討論，最後校長同意給這些即將畢業的學生第二次機會。傑克向校長道歉，並立刻解散無賴幫。

　　約瑟對傑克說：「你有很優秀的品格，為何不將它顯露出來？不要讓我對你失去信心。」傑克

誠懇的向父親懺悔，並答應要認真讀書。

無賴幫事件成為傑克生命的轉換點。看到父親對自己毫無保留的關心與支持，傑克頓時對自己幾年來輕忽課業的求學態度，感到非常慚愧。

在丘特中學最後一年的最後一個月，傑克下定決心努力讀書。結果，他以非常好的成績通過期末考，甚至可以進入哈佛大學和普林斯頓大學兩所名校就讀。經過思考，他選了沒有小約瑟的普林斯頓大學。

丘特的校刊每年都會從畢業生當中，票選一位最帥、最活躍、最傑出的人物。傑克要畢業時，朋友們很努力的為他助選，加上傑克在同學間的好人緣，他順利的選上了「最可能成功的畢業生」。

傑克絕對想不到，在畢業生紀念冊上，印在他名字旁的這個榮銜，竟然預言了他未來的人生。

哈佛大學

十八歲，瘦高、英俊的傑克，成了普林斯頓大學的新鮮人。

但是沒多久，他又生病了。那年 12 月，他得了肝炎，被迫休學治療。醫生囑咐他到氣候溫暖的地方休養，於是他住到亞利桑那州的一個農場裡，在那裡恣意享受陽光，也讀了更多的書。當秋天來臨，新學年開始時，迫於家中壓力，他只好轉學到哈佛大學就讀。

這時的傑克，一百八十六公分高，六十六公斤重，雖然被教練戲稱像「一根大而長的四季豆」，熱愛運動的他，仍想要在大學體育運動上有所表現。可是高高瘦瘦的傑克體重不夠重，無法參加橄欖球校隊，於是加入了橄欖球第二代表隊。不幸的是，在一次練習比賽中，傑克被用力撞倒，椎間盤嚴重破裂，使他不得不放棄這項運

動。而這次的運動傷害，更造成日後長年困擾他的背痛。

於是傑克改參加游泳隊。他認真的投入每一次練習，甚至生病時也不缺席。有一次他發著高燒，還偷溜出醫務室去練習游泳。當時他也沒想到，他在游泳方面的訓練，有一天會讓他救了許多人的性命。

在哈佛大學期間，傑克的構思和寫作能力，令他的文學教授非常欣賞。空閒時，他就進入圖書館，坐擁學校豐富的藏書，吸收各種知識。

傑克幽默、開朗的個性，使他在學校很受歡迎。校園裡有兩個菁英社團，都主動邀請他加入。這和三十年前約瑟就讀哈佛時，因愛爾蘭後裔身分，被社團排擠的情形大不相同。

那幾年，美國才剛開始從經濟大蕭條裡慢慢復甦，不論是美國或是其他國家，到處都是一片動盪。在校園裡，年輕人對政治變動、社會問題、

歐洲局勢非常關心，時常在談論這些事情。

傑克也開始注意到美國社會中貧富懸殊的現象。雖然來自富裕家庭，他卻非常關心窮人，常常思考自己要如何幫助他們。

英格蘭為何睡著了

1937 年羅斯福總統指派約瑟為美國駐英國大使。甘迺迪全家搬到了英國倫敦。只有傑克和小約瑟留在美國哈佛繼續上學。

1938 年夏天，傑克和小約瑟到英國和家人團聚。小約瑟這年已從哈佛大學畢業，傑克則是得到哈佛特許，可以在歐洲停留一段時日。

當時德國蠢蠢欲動，對歐洲其他國家虎視眈眈。傑克對這多變的世局非常感興趣。利用難得的機會，他於 1939 年春天，到一些歐洲國家旅行。在旅途中，他遇到很多人。他與他們談話，並仔細記錄他的見聞。這段旅行拓展了他的視

野，也帶給他很多啟發。

那段歐遊時間，英國與德國正瀕臨戰爭的邊緣。1939 年 9 月 1 日，德國打破與英國的《慕尼黑協定》＊，入侵波蘭。9 月 3 日英國向德國宣戰。第二次世界大戰＊終於爆發。

為了安全，約瑟將家人全部送回美國，自己

留守倫敦的工作崗位。傑克也回到哈佛，繼續大四的學業。此時，他滿腦子想的都是歐洲局勢和戰爭。

他寫了一篇很長的畢業論文，題目是「英國對慕尼黑的姑息政策*」。寫完後，他寄給父親並附了一封信，說：「……這是我這輩子以來，花了最多心思的作業。」

這篇論文得到極大的讚賞，更讓他在 1940 年 6 月帶著榮譽生的光環，從哈佛大學畢業。

來參加畢業典禮的蘿絲，對兒子的表現感到非常驕傲，但是對他的穿著，仍舊頗感失望。約瑟則從英國發了一封電報給他：「對你，有兩件事

* **慕尼黑協定**：1938 年，英、法、德在德國慕尼黑簽署《慕尼黑協定》，強迫捷克將蘇臺德地區割讓給德國，以換取希特勒不再侵略他國的保證。

* **第二次世界大戰**：是一場爆發於 1939 年至 1945 年間的全球性軍事衝突。其戰爭規模之大涉及所有強權大國與絕大多數國家，對立的兩大陣營分別是以英、法、美、蘇、中等五大國為首的同盟國，和以德、日、義等三大國為主的軸心國。

* **姑息政策**：是指英法為了避免戰爭，對德國獨裁者希特勒一再讓步。例如 1938 年所簽署的《慕尼黑協定》就是姑息的作法。

我一直深信不疑，第一、你很聰明，第二、你是
個很棒的傢伙！愛你的爸爸。」

　　約瑟利用他的人脈將傑克的論文出版。1940
年秋天，傑克的第一本書《英格蘭為何睡著了》
上市了，很快就成為美國和英國排行榜上最暢銷
的書。二十三歲的傑克，一個才剛大學畢業的年
輕人，一夕之間成為世界大事的專家，也成為出
版界的名人。

　　有一次在電臺受訪時，節目主持人問傑克未
來的計畫。傑克回答說：「在我一生中，我很想為
我的政府做一些事，只是我還沒有決定要做什
麼。」其實，那個時候的他，心中有著從軍的想
法，只是苦無機會。

邁向從政之路

　　戰爭期間，約瑟因為大使身分，繼續留在英國。依照他的觀察，「納粹德國的軍隊訓練有素，配備精良」，使他懷疑英國是否能打得贏德國。此種論調，讓他在英國非常不受歡迎。

　　他也無視羅斯福總統「主戰」的想法，主張「美國應該避免捲入歐洲的戰爭」，甚至投書報紙媒體宣揚他的論點。這種持續反戰的行徑，令英國民眾十分反感，影響所及，連在美國國內受到的支持也跟著下跌，最後甚至還失去了羅斯福總統對他的信任。被迫於 1940 年 10 月辭了英國大使一職，回到美國。

PT109

戰爭在歐洲正如火如荼進行著，傑克推測美國很快也會被捲入戰火。1941 年初，一直想從軍的傑克，報名投效了海軍，但是背上的傷使他無法通過體檢。於是，他整個夏天一直做各種強化背肌的訓練運動，到了秋天終於合格。1941 年 9 月 22 日，傑克如願成了美國海軍少尉，開始在海軍情報部門工作。

1941 年 12 月 7 日，日本轟炸美國在夏威夷的海軍基地珍珠港，第二天美國向日本和德國宣戰*。

美國正式參戰後，傑克請求調到海上服役。海軍讓他先在海軍軍官儲備學院受訓，學習有關

---

*宣戰：二次大戰中，德、日同屬軸心國。德國是日本盟友，所以美國向日本宣戰也等於同時向德國宣戰。

巡邏艇的知識，再進入羅德島的巡邏艇學校，接受六個月的巡邏艇操作、炮擊和導航訓練。

結訓後，海軍派傑克到巴拿馬工作，但是傑克想到最前線服務。他請求父親協助。透過約瑟的關係，傑克被改派到南太平洋的巡邏艇部隊。

1943 年春天，擔任海軍少尉的傑克受命為巡邏艇 PT109 的指揮官。PT109 長二十四公尺，有三個引擎。它的主要功能是悄悄逼近日本大型驅逐艦，猝不及防的向它開火，然後趁驅逐艦還來不及反擊時，迅速的離開。巡邏艇因以速度取勝，所以艇身輕薄，不是很堅實。

1943 年 8 月 2 日晚上，傑克、PT109 的十二名組員與其他十四艘巡邏艇，在南太平洋所羅門群島附近執行任務。當晚 PT109 不幸被日本驅逐艦撞成兩半。

　　驅逐艦撞擊PT109時，傑克被擠壓在駕駛艙中，背部緊貼著艙壁，舵輪在他手中被扯斷，驅逐艦的船頭差一點就把傑克壓扁。渾身是傷的傑克痛苦莫名，心裡想著：「這大概就是死亡的感覺！」很快的，一半的PT109爆炸起火，另一半載浮載沉。兩名組員當場斃命，其他組員靠著半截破船板等待救援。

　　天亮時，傑克察覺殘破的船身即將沉沒，命令倖存的組員游到五公里外的小島。他不願捨棄其中一名已嚴重燒傷的組員，也不顧自己身上多處受傷、背痛，硬是用牙齒咬著這名組員救生衣上的帶子，拖著人游了五個小時。抵達小島時，救生衣的帶子上布滿了深深的齒印。

　　傑克拖著傷患在海中搏命，因此喝了很多海水，一上岸，便大吐一場，接著癱倒在地上。等到神智稍微恢復，他沒多做休息，便又再度潛入海中，游到另一個水域，尋找其他巡邏艇的蹤跡，但卻毫無結果。一伙人靠著野生椰子充飢，艱難

的對抗烈日，忍受全身上下大大小小的傷痛。

　　求生的意志驅使傑克一再前往附近的島嶼探勘，總算在一個大島上遇見兩個土人。他用小刀在椰子殼上刻字交給土人，請土人幫忙傳遞給美軍。終於在沉船六天之後，盼到巡邏艇來解救他們。

　　傑克被海軍送回美國。他的背傷更惡化了，甚至還感染了瘧疾。在麻州的海軍醫院療傷的他，很慶幸自己大難不死，更高興第一次擔負領導任務，就能臨危不亂，沉著應付，他對自己的表現感到非常驕傲。

　　由於拯救了隊友的性命，傑克成了戰爭英雄。美國海軍頒給他一枚海軍陸戰隊勳章、一枚紫心勳章*和一張獎狀。獎狀上寫著：「他的勇氣、耐力和卓越的領導力，讓他救了許多人。」

　　PT109 的故事成為當時報章雜誌的頭條新

***紫心勳章**：是美國的軍方勳章，以總統名義頒發給為國服務而受傷或死亡的美軍，因為傑克在救人過程中受了傷，所以受頒紫心勳章。至於海軍陸戰隊勳章，則是嘉獎傑克救人的勇氣。

聞。而二十七歲勇敢救人的指揮官傑
克，更成了轟動一時的焦點人物。

　　多年之後，有位小男孩問他：「你
為什麼有勇氣冒險救人？」傑克亮出
他的招牌微笑回答：「我完全是不得已的，因為他
們擊沉了我的船。」

悲慘淒苦的歲月

　　世界大戰期間，對甘迺迪家族來說，也是一
段殘酷的歲月。

　　先是約瑟的反戰論調，使他陷入麻煩，最後
被迫辭職回國。

　　有智能障礙的蘿絲瑪麗，情況變得異常嚴
重，常常無故歇斯底里的尖叫。1941 年約瑟沒有
跟其他家人商量，便讓蘿絲瑪麗做了一個危險的
腦部手術。手術後，蘿絲瑪麗完全失去行為能力，
只能送到療養院照護，終其一生在那裡度過。

　　凱克在父母反對下，堅持嫁給一個英國基督徒，氣得蘿絲幾乎要和她脫離母女關係。

　　傑克的背傷越發嚴重了。1944 年夏天，他聽從醫生建議，動了脊椎手術。不幸的是，這項手術並不成功。手術後，傑克只能在醫院的病床上平躺著。從此之後，他的背痛一直如影隨形的跟著他。

　　這時，傳來更大的噩耗，小約瑟竟然在執行任務時喪生了！

　　在傑克進入海軍的同時，小約瑟也加入海軍接受飛行員訓練。美國參戰後，小約瑟開始在歐洲為盟軍作戰。他從英國基地駕駛轟炸機飛到德國，成功完成五十次轟炸任務，更獲得了四種不同類別的榮譽獎章。只是他的照片和事跡沒有像傑克一般在各大報登出。

　　在執行五十次任務後，小約瑟其實已完成對海軍的義務，具備了退役返鄉的資格，但是他自願再做一次冒險的飛行。

這是一次非常危險的祕密任務。小約瑟要駕駛一架載滿十噸炸藥的轟炸機，去炸納粹的一個重要的飛彈發射基地。

出發前，負責維修的機械工告訴小約瑟，這架轟炸機的電路系統不穩定，可能會發生故障，建議他不要飛行。但是小約瑟還是上路了。二十分鐘後，轟炸機果然在英倫海峽的上空爆炸，再也找不到一絲小約瑟的蹤影。

小約瑟死後的那幾個月，整個甘迺迪家族陷入一片愁雲慘霧。對傑克而言，也是生命中最難過的一段時日。他才不過剛開始展露身手，在父母和手足面前證明自己是戰爭英雄，接著還想要再表現一項小約瑟沒有的本事——寫作。但是，比賽卻突然終止了。

跟小約瑟的長期競爭，讓傑克一直活在「自己要贏得更多勝利」的信念中。如今小約瑟死了，唯一的競爭對手離場，將傑克未來的勝利之門關

上。傑克永遠失去贏過小約瑟的機會。

傑克對李蒙說：「從此以後，我將會一直跟一個假想敵比賽，而那個假想敵永遠都會贏我。」為了抒發他的傷痛，同時安慰他的家人，傑克鼓勵家人和朋友們寫下懷念小約瑟的文章，並收編成一本小冊子，取名《我們懷念小約瑟》。

傑克在懷念小約瑟的文章上寫道：「小約瑟非常勇敢……身為一個大哥，他當之無愧。」「我不知道還有誰，會讓我願意花一整個下午跟他在一起，或是打高爾夫球，或者……做任何事。」

「小約瑟是我們家的明星。他做什麼事都比家中任何人還要好。……他有堅定而不變的信仰……他從未遠離過上帝。」

儘管約瑟悲傷得無法好好讀完其中任何一篇，卻對傑克的作法，非常感動。家人也在懷念小約瑟的文字中，漸漸撫平了傷痛。

夏天動過背部手術的傑克，出院後就在亞利桑那州的鳳凰城療養。休養期間，約瑟每天下午

五點鐘都會準時打電話給他。父子倆就像坐在家裡的餐桌旁聊天一般，談論國家大事和政治議題。兩人的關係從未像此刻一般親密融洽。

　　小約瑟的死，對傑克來說，不只是失去了一個哥哥而已，他的生命也有戲劇性的轉變。原本承接約瑟夢想的人是小約瑟，如今約瑟在強忍著喪子之痛下，重新編織了「我的兒子將成為美國總統」的夢想。只是從現在開始，這個幫他完成夢想的人將是傑克。

　　但是傑克呢，他願意從政嗎？

踏入政壇

　　1945 年春天，傑克在赫斯特報社當記者，負責世界局勢和大戰戰情的相關新聞。他很喜歡這份工作，也很努力想在記者這個行業上有所表現。

　　但是，約瑟卻推著他朝另一個方向發展。約

瑟告訴傑克：「小約瑟死了，所以現在是你的責任。你必須去競選眾議員＊。」傑克不願意，他認為自己不適合從政，比較適合當作家、記者或是律師。約瑟繼續說：「你一定要這麼做！」

在約瑟迫切的要求下，傑克終於妥協了。

「身為甘迺迪家最年長的孩子，我必須走小約瑟未能走完的路。」傑克告訴自己。

1945 年夏天，歐洲戰火逐漸平息，唯獨日軍仍負隅頑抗，美軍在太平洋戰場上連連吃敗仗，損傷慘重。7 月 15 日美國核武試爆＊成功，杜魯門總統＊決定啟用原子彈以中止戰爭。美軍於 8 月 6 日和 8 月 9 日分別在廣島和長崎投下原子

彈。日軍終於投降，二次大戰結束。

　　這場世界大戰，對人類造成的災難和損失無法衡量。從希特勒、日本天皇到杜魯門總統，傑克看到一個掌權者的決定，攸關眾多生死，對後世影響何其巨大。

　　「如果我有政治影響力，或許可以幫助這個世界，減少人類傷亡。」傑克開始思考這個問題。

　　一年後，機會來了。麻州第十一選區的眾議員凱利退休，傑克決定去競選這個空出來的席位。

＊眾議員：美國制訂法律的機構，包括眾議院和參議院。美國每一州都有眾議員和參議員。眾議員的席次與該州的人數成正比。而參議員全國只有一百個席次，五十個州平分，每一州兩名。任何議案在兩院通過後，才能成為法律。

＊核武試爆：核武，指原子彈。原子彈是一種利用核子分裂原理製成的武器，具有很強的殺傷力和破壞力。在爆炸的同時會產生核輻射，危害生物組織。自 1939 年 9 月二次大戰開始，德國即祕密展開核子武器研發。為了爭取軍事優勢，美國、俄國、日本相繼投入核武研發的競賽。

＊杜魯門總統：哈里・杜魯門是美國第三十四任副總統，後因接替病逝的羅斯福總統，成為美國第三十三任總統。

競選眾議員

　　雖然傑克幾乎是被硬拖進政壇，但是他不進去則已，一旦進去，就決心要做到最好。「我們不要失敗者。」約瑟的話一直在他的耳邊迴響著。

　　第十一選區的居民多是勞工階級。傑克首先拜訪幾位在選區有影響力的勞工領袖和當地仕紳，請他們來幫助自己競選。

　　然後，傑克開始親近選民。一開始，傑克很害羞，面對聽眾時，非常緊張。說話結結巴巴，還時常停頓很久。有一次，他話說一半接不下去，就露出一臉的微笑，選民們似乎也能感受到他的誠懇和真誠。經過多方嘗試，逐漸的，他找到跟選民溝通互動的竅門。

　　他早上六點半起床，簡單吃點東西，就匆忙趕到造船廠，跟數千名工人握手，接著去拜訪其他地方。傍晚，他再趕去和下班回家的工人握手，

一直到天黑才回家。傑克花了很多時間，拜訪了選區內所有工廠和商店，包括造船廠、碼頭、理髮店、雜貨店、消防站、警察局等。他非常耐心的傾聽男女勞工們的抱怨和訴求。

頭髮蓬亂，襯衫總是露一角在長褲外的傑克，因為不整齊的外表，反而讓人放鬆戒心。許多人在他面前覺得沒有壓力，願意把心裡的想法告訴他，因此傑克收集到很多寶貴的意見。

為了加強選民對傑克的印象，約瑟有一個新的競選策略。他將名作家約翰‧荷西寫的人物報導〈倖存者〉──描述傑克和 PT109 的故事，重新刊登在當時擁有最大讀者群的雜誌《讀者文摘》上。於是一時之間，大家都知道傑克是勇敢的戰爭英雄了，對他產生更多的信任與期待。

這是非常成功的競選策略，影響了很多選民的決定。

「對其他競選對手而言，這真是致命的一擊！」一個甘迺迪團隊的成員興奮的說。有傳聞

說，另一位候選人的太太讀了〈倖存者〉後，竟說：「我要投票給傑克！」

甘迺迪一家全部動員為他助選。妹妹琴、優妮絲、珮和弟弟巴比，挨家挨戶按電鈴、發競選傳單，媽媽蘿絲則安排下午茶派對和招待會。甚至家中最年幼的泰迪，也幫哥哥跑腿。約瑟則負擔所有的競選開銷。甘迺迪兄弟在哈佛的同學們、傑克海軍的同袍，也全都趕來幫忙。最後這些努力得到了回報，傑克贏了選舉！

選舉結果揭曉那天，傑克兩眼含淚，感謝所有為他助選的人。出乎朋友選前預料，傑克不僅能承受住變幻莫測的選舉考驗與壓力，更贏得了勝利。從此，傑克對公開演講越來越駕輕就熟，置身群眾也如魚得水般自在了。

眾議院

1947 年 1 月，傑克到美國首都華盛頓，開始他的眾議員生涯。

二十九歲的眾議員傑克，看起來像個年輕的高中生。他到眾議院上班的第一天，被誤認是工讀生，還差一點被差遣去跑腿。他的確是一個初出茅廬的小伙子。剛入政壇，有很多涉及政治和政府的事務，需要他去摸索和學習。

雖然當了眾議員，傑克的穿著依舊邋遢。在眾議員辦公的樓層裡，人們常會看到傑克穿著一條皺皺的褲子，或是繫著一條有食物漬印的領帶。

面對一大堆歡迎新進眾議員的派對邀請，傑克卻很少參加。因為相較之下，他更喜歡跟朋友在飯桌上高談闊論世界大事。何況自二次大戰結束後，世界局勢大幅改變，可以討論的議題很多。他想把握時間去關注重大的政情變化，而不是去

參加歡樂的宴會。

　　傑克非常認真，他時常在議會發表言論，提出很多問題，也不怕說出他的想法。他率先提出住屋法案，要求聯邦撥款，降低退伍軍人和低收入勞工的房屋租金。第二年，他又引進一個法案，要求政府出錢改善貧民區的居住環境。但是這兩個法案在眾議院都遭到美國退伍軍人協會強烈的反對*。當時沒人有勇氣對抗勢力龐大的美國退伍軍人協會，只有傑克敢公開並大聲譴責。

　　傑克為民服務的熱忱和衝勁，讓他在 1948 年和 1950 年眾議院改選時連任兩次。這段期間，他背上的傷仍時時發作，讓他備受煎熬。

　　1947 年傑克利用到倫敦出差的機會，專程去

＊美國退伍軍人協會為何反對：成立於 1918 年的美國退伍軍人協會因為與房地產業利益結合，所以反對住屋法案。

愛爾蘭尋找他的親戚。他到了曾祖父的故鄉，也見到遠房的姑姑一家人。從愛爾蘭回到倫敦後，傑克突然生病，頭暈、噁心、血壓很低，嚴重到被緊急送醫。醫生初步研判他最多活不過一年。

　　經過更仔細的診斷，醫生再度證實傑克有愛迪生氏病。幸好，當時對於愛迪生氏病的研究已有很大的進展。只要在患者體內植入一種人造類固醇藥丸 DOCA﹡，就可以有效控制病情。後來，陸續有新藥可體松﹡問市，傑克把兩種藥合併使用，身體健康情況才大為好轉。

　　傑克拚命工作，他的政治理想伴隨著他的經驗成長。雖然當初進入政界有些勉強，但是現在他為國為民解決問題的信念，越來越堅定。

　　當了五年眾議員，傑克眼看許多法案進展緩慢，覺得很沮喪，制訂新法要花費好長時間，立法的美意遲遲無法實現。他認為眾議院的許多規章和制度是形同絆腳石，導致眾議員權力受限而不能去做想做的事。相較之下，沒有這些束縛的

參議員，權力較容易發揮。

　　於是，傑克毅然決定競選參議員。

競選參議員

　　1952 年，傑克展開競選參議員的活動。他走訪麻州的每個市鎮做競選演說。

　　他的競選對手是共和黨*的現任參議員亨利‧羅杰。羅杰來自麻州一個有名望的家族，羅杰的祖父也是政治家。1944 年，羅杰辭了參議員的職位，去參加第二次世界大戰。在大戰中，徒手擒住四名德軍，獲頒銅星勳章*。在這場競選

＊DOCA：一種人工合成的類固醇激素。

＊**可體松**：是一種類固醇激素。在受傷或生病時，可體松可以減輕發炎、疼痛、腫脹的症狀。但是長期使用，有其危險性。

＊**共和黨**：美國政黨，因政治理念不同，美國有兩個主要政黨：民主黨和共和黨。從傑克的兩個祖父開始，甘迺迪家族一直是民主黨的主要成員。

＊**銅星勳章**：是美國軍隊的軍人獎章。獎勵在作戰時英勇而值得獎勵，或令人敬佩的行為。

中，羅杰是個強勁的對手。約瑟告訴傑克：「你若贏他，就是贏了最好的敵手。」

再一次，甘迺迪全家動員，合力幫傑克打選戰。

妹妹優妮絲、珮、琴，走遍大街小巷，挨家挨戶敲門，發競選傳單。蘿絲對她的教友和市民發表演說，也和女兒們舉辦了茶會。她們一共辦了三十五次茶會，有超過六萬個以上的婦女來參加。

傑克請弟弟巴比當他的競選總幹事，約瑟則提供最重要的財務支援。

「要打贏選戰，需要三樣東西。」約瑟說，「第一是金錢，第二是金錢，第三還是金錢。」

見識過媒體對選戰的影響力，約瑟這次選定《波士頓郵報》作為發聲管道，約瑟祕密貸款五十萬給報社，讓原本打算支持羅杰的《波士頓郵報》轉向支持傑克。

八個月的時間，傑克的足跡踏遍了麻州大小鄉鎮。有時他背痛萬分，甚至需要撐拐杖輔助。

但是在進入擠滿群眾的演講廳前，他往往收起拐杖，交給助理，希望群眾看到他充滿活力的樣子。

他也常常忍著幾小時背痛，和大排長龍的選民握手。「我打賭他至少跟一百萬人說了話，握了超過七十五萬雙手。」投票前夕，一位傑克的競選助理驕傲的說。

再一次，所有的辛苦得到回報，傑克贏了選戰。

參議院

1953 年在華盛頓國會，年輕的麻州新科參議員引起了一陣騷動。富有、英俊、瀟灑，還有敏銳雙眼和耀眼微笑的傑克，成了美國最有價值的單身漢。很多女士坐到參議院旁聽席，只為了一睹他的丰采。

在競選參議員之前的一個餐會上，傑克認識了一位年輕的女士賈桂琳‧布維，人稱賈姬。賈

姬跟傑克背景類似，同樣出身自富裕的天主教家庭。她在紐約長大，在美國和巴黎受教育，會說流利的法語、義大利語和西班牙語。傑克被她的聰明、美麗和優雅的談吐所吸引，當晚就要求和她約會。不過接下來的六個月，他們卻沒有機會見面。因為賈姬到歐洲去了，而傑克在麻州忙著競選。

忙完選舉後，傑克打電話給賈姬，而她正好也回到華盛頓，在《華盛頓時報》當攝影記者。兩人開始認真交往。傑克和賈姬有很多相同的興趣，而且兩人都富有幽默感。他們經常相約去看電影、吃飯，還一起參加了艾森豪總統的就職舞會。

1953 年春天，賈姬到英國出差採訪。傑克立刻發了一封電報給她：「報導精采，但很想妳。」兩天後，傑克打越洋電話向她求婚，她答應了。

　　1953 年 9 月 12 日，三十六歲的傑克和二十四歲的賈姬，在羅德島新港的聖瑪莉天主教堂結婚。數千人擠在教堂門外，等著看最受歡迎的參議員和他美麗的新娘。接下來的餐會，在賈姬繼父的豪華莊園裡舉行，有一千兩百人受邀參加。

　　賈姬是個賢內助。傑克單身時，作息很不正

常，沒照三餐吃飯，也沒按時間睡覺。結婚後，賈姬放棄自己的工作，全心照顧丈夫。她關照傑克的飲食起居，為他準備營養的三餐，也確保他有足夠的休息。

有了賈姬的幫助，傑克的穿著不再邋遢，但是他的舊習慣仍跟著他進了參議院。像是傑克的辦公桌，永遠亂七八糟，紙張文件堆得到處都是。「好像有人把字紙簍打翻在他桌子上一樣。」傑克的祕書說。

還有，傑克常常在小紙片上抄了電話號碼，順手放在口袋或皮夾裡，等他要用時，卻找不到了。傑克也常忘記帶錢，他的朋友有時很氣他這一點。其實不是他小氣或是愛占人便宜，相反的，他把薪水全數以匿名方式捐給慈善機構。因為約瑟送給甘迺迪家的孩子每人一百萬元的信託基金＊，

＊**信託基金**：通常都是捐贈者給孩子或無法自行管理資金的人，事先預留的一筆資金。資金由捐贈者提供，受託機構根據捐贈者指示管理資金，並將贈款分期或一次交付孩子或無法自行管理資金的人。

所以他們從來不必為生活憂愁。

　　有了賈姬，生活更為安定，傑克再度熱切的投入工作。他開始專注於教育、勞工、外交的問題和解決對策。他聘請二十四歲的索倫森當他的助理和演說撰稿人。

　　索倫森是律師出身，曾任職參議院委員會，經由傑克參議院的同事介紹而認識。索倫森和傑克兩人一見如故，默契很好。索倫森不僅認同傑克的理念，還可以將傑克的想法很快的寫下來，變成一篇出色的文字或講稿。

　　在參議院裡，傑克越來越自在，雖是新任第一年的參議員，影響力不大，不過他喜歡接近權力核心的感覺。他有時會在某些事項上採取強硬立場，而冒犯一些同事，但是他討人喜歡又富有魅力的言行舉止、行事風格，仍然讓他成為國會山莊中廣受歡迎的人。

勇者形象

1954 年 10 月，傑克因嚴重背痛，動了背部脊椎手術。這回手術沒有成功，而手術後的感染，更讓他幾度陷入昏迷，差點死去。1955 年 2 月，等身體狀況稍微恢復了些，傑克再度接受背部手術。幸好，這次手術相當成功，只是需要較長的恢復期。

離開醫院後，傑克到棕櫚灘——約瑟的別墅療養。這段期間，雖然只能平躺在床上，由賈姬照顧他的生活，但傑克仍不忘他的工作。

「午安，請轉甘迺迪辦公室索倫森先生。」

每天利用電話與助理索倫森聯絡，聽取郵件內容，再口述給索倫森，由他協助回函。傑克透過索倫森的協助，處理了很多參議員分內的公務。

在漫長而痛苦的恢復期，傑克決定將他心中構思許久的寫作計畫付諸實現。

　　所有的人格特質中，傑克最嚮往的就是「勇氣」。二次大戰時期，他已充分證明了自己擁有這項特質。現在他無視病痛，努力研究、收集資料，也是為了將曾啟發過他的、有勇氣的人與事披露出來，激勵更多的人。

　　在《勇者形象》手稿中，傑克寫了八位參議員的故事。這些人展現了非凡的勇氣，去推動吃力不討好的工作；冒著失去事業的危險，支持他們認為對的事情。雖有助手幫忙查資料、校對，但手稿全由傑克親自撰寫。

　　1955 年，傑克的《勇者形象》出版了。1957 年得到普立茲傳記文學獎＊的榮譽。

　　背傷初癒的傑克，終於回到華盛頓國會山莊。

＊**普立茲傳記文學獎**：普立茲獎，是 1917 年根據美國報業巨頭約瑟夫‧普立茲的遺願設立的獎項。已經發展成為美國新聞界的一項最高榮譽獎。包括十四項新聞類獎和七項創作類獎。普立茲傳記文學獎是七項創作類獎項中的一項。

「他在這世上的日子裡，有一半是身處強烈痛苦之中。」弟弟巴比說：「但是，我從未聽過他訴苦。」

雖然必須一直穿著緊身的背部支架，傑克進入參議院會議廳時，仍然保持一臉燦爛的笑容。參議員全體起立，熱烈鼓掌歡迎他歸隊。

「傑克‧甘迺迪流著勇敢而堅定的血液，他又回到了工作崗位。」《紐約時報》如此形容他。

傑克在參議員任內，不僅提出勞工改革法案，還領導勞工委員會調查工會的貪汙現象。傑克對弱勢族群的關心和對不道德行為的苛責，讓他贏得許多人讚許。因此《勇者形象》得獎時，人們都認為他是個「值得尊敬的公眾人物」。

打擊犯罪的英雄

　　1958 年參議院改選，傑克在國內的聲望更加高漲，麻州公民對他的支持度高達空前的 73.6%，傑克順勢連任。

　　第二任期開始，傑克已成為參議院民主黨領袖，也是勞工委員會主席。在討論勞工改革法案時，傑克憑藉著絕佳的口才，讓法案以九十比一順利通過。

　　五〇年代末期，傑克和巴比的名字頻頻出現在新聞媒體。當時巴比擔任參議院調查小組的法律顧問，傑克則是參議院勞工委員會主席，兩人在調查勞工貪汙的案例上，合作無間。

　　這些審判的聽證會常在電視上轉播，兩兄弟打擊勞工犯罪的事跡廣為人知。許多觀眾寫信讚揚他們，也有女學生視他們為英雄偶像，向他們索取簽名照片。

傑克非常關懷窮人、老人及遭受不平等的受害者，而且一直想通過立法來幫助他們。但是有一些立法，每每受到人為的阻撓，根本無法施行，例如 1954 年高等法院通過立法，禁止公立學校施行種族隔離。可是過了五年，非洲裔學生仍然無法進入公立學校就讀，就連進入校園都會被驅趕。這使得傑克不得不信，唯有在上位者採取更堅定的立場，才能帶領國家進入更好的民權時代。

「若能成為總統，我就會有更好的機會去幫助這些人。」傑克下定決心要追求這個國家最高的職位。

展開競選活動

美國總統大選每四年一次，選舉年分是四的

倍數，例如 1956 年、1960 年。候選人要在黨的初選和代表大會中勝出，得到黨的提名，才可參加總統大選。

傑克從 1956 年開始到各地演講，當年秋天，他在六個星期中，走訪了二十四個州，作了超過一百五十場的演講。他還計劃走遍每一個州，讓全國所有選民都能認識他。

1956 到 1959 年間，傑克拜訪了許多團體，包括威斯康辛州的酪農、西維吉尼亞州的礦工、芝加哥的勞工領袖、紐約的政治家等等。

1959 年，總統競選活動進入緊鑼密鼓的階段，為了節省交通時間，傑克買了一架飛機，以女兒卡洛琳的名字命名。有了便捷的交通工具，傑克的競選行程益趨密集。到了年底，傑克達成了「拜訪每一州選民」的目標，他滿懷信心的迎接 1960 年選舉年的到來。

白宮千日　一展宏圖

　　1960 年 1 月 2 日，一大群聞風而至的記者等候在參議院的會議室。中午時分，傑克站上講臺，大聲的說：「今天我要正式宣布競選美國總統。」

　　當場，有人質疑他「年紀太輕」。當時的總統艾森豪，上任時六十二歲。一般美國人也習慣年紀較大的人當他們的領導者。

　　「你認為只有四十二歲的你，能夠承擔總統的重任嗎？」一位記者詢問。這位記者不知道傑克剛過生日，多了一歲。

　　「我不知道四十二歲行不行，」傑克微笑著說：「不過，我知道四十三歲一定可以勝任。」

民主黨代表大會

　　為了 11 月的總統大選，美國各政黨多在年初舉行初選，再在 7 月召開全國代表大會，以選出黨內總統提名人選。

　　民主黨初選從 2 月開始。傑克再度積極投入競選活動，他走訪許多大小鄉鎮，舉辦演講或座談會，認真的傾聽各地選民的訴求。

　　傑克的競選團隊，包括賈姬和傑克的所有弟妹，也跟著走遍大街小巷，到處拜票。從美西到美東，傑克忙碌的進行著初選行程。

　　在一共十四個州的民主黨初選，傑克贏了九個州的選民支持。相對於其他候選人只贏得一個州或兩個州的選票，傑克是初選的最大贏家。

　　初選結束後，傑克未曾稍停，繼續旅行全國，拜訪各州的民主黨代表和領袖。在民主黨全國代表大會開始前，傑克在黨內獲得的民意支持已領

先其他候選人。

　　1960 年 7 月 5 日民主黨全國代表大會在洛杉磯體育館舉行，有八萬多名民主黨員參加。在候選人輪流發表演說後隨即開始投票。選舉結果，傑克以超過半數的得票率，贏得了民主黨的總統候選人提名。

　　一片歡聲雷動中，傑克向支持者致謝：「……我向所有相信我、投票給我的人保證，我值得你們的信賴。」接著，他發表著名的「新境界」演說：「我們正站在一個新境界的前沿……那境界有著未知的科學和太空領域，未解決的和平和戰爭問題，未克服的無知和偏見地帶，未解答的貧富對立問題。」要接受這些挑戰，他呼籲美國人要成為「新境界的先驅」。

　　全民大會後，傑克邀請詹森擔任他的副手，和他聯名一起參加總統大選。

詹森考慮多日後，接受傑克的邀請，成為他的競
選搭檔。

總統大選

　　共和黨選出的總統候選人，是當時的副總統
理查・尼克森，他告訴選民，他當副總統這些年
累積的經驗，已足以使他成為更有資格的總統候
選人。

　　兩黨候選人開始競選活動。他們在
全國旅行，四處演講。尼克森的政見是「政
府要幫助私人企業」，傑克則強打「政府應幫
助人們生活得更好」的政見。

　　傑克最常被問到他的宗教信仰：「教皇是
天主教徒的領袖，信天主教的總統會不會受
教皇影響？」傑克要人們不要擔心，他解釋
說：「我的宗教信仰是我的私事，它不會影響
我當總統時的決策。」

在對一群基督徒牧師和傳道者演講時，他說：「我相信這個國家。在這裡，政府和宗教是絕對分開的……我是民主黨總統候選人，只是剛好我也是天主教徒。在公眾事務上我不代表我的教會，而教會也不能代表我。」

美國總統候選人的選前辯論，已有一百五十年的歷史。但是 1960 年的這次辯論和以往非常不同，這次要利用三個主要電視頻道作實況轉播，在美國歷史上還是第一次，因此吸引了七千萬名的觀眾收看。

在辯論會之前，傑克認真的尋找、準備相關事實和數據，讓自己提出的政見更有說服力。

辯論當天，年輕、英俊、有閃亮古銅膚色的傑克，在整個過程中，表現得冷靜而自信。相對的，在強烈燈光下，尼克森看起來蒼白而緊張。透過電視直播，讓年輕、外貌出色的傑克占了上風。辯論後，多數人對傑克的好感倍增。事實上，辯論後的民意調查，四百萬個觀眾裡，有三百萬

人願意投票給傑克。

　　總統選舉於 1960 年 11 月 8 日舉行，兩人的票數非常接近。一直到 11 月 9 日，結果才出來。傑克僅以多 0.1% 的票數險勝尼克森。

　　四十三歲的傑克成了第三十五屆美國總統。

甘迺迪時代

　　1961 年 1 月 20 日，天氣非常寒冷，地面上積了厚厚的一層雪。

　　一大群穿著大衣、戴著厚帽的民眾，聚集在國會山莊的臺階附近，等著觀看新總統的宣誓就職典禮。

　　甘迺迪總統和第一夫人賈姬於中午 12:30 抵達國會山莊。甘迺迪總統沒穿大衣也沒戴帽，即使是自己的總統就職典禮，他仍是一貫的不在乎衣著。

　　國內外的顯貴、政要、甘迺迪總統的家人、

朋友全都來了。當然，總統幕後的推手——約瑟，也在場。約瑟滿面笑容，驕傲的站在兒子旁邊。他所作的「甘迺迪家族的總統夢」，即將實現。這一刻，他等了好久了。

在國歌之後，甘迺迪總統進行宣誓，發誓嚴守總統職務，支持、維護美國憲法和法律。然後他轉過身面對群眾，用響亮、堅定的聲音，開始了美國歷史上最令人印象深刻的就職演說。

他強調，要讓世界上每一個國家知道，美國願付任何代價，承受任何重擔，面對任何困難，以確保永遠的自由；並且期望在自己任內，促進世界和平、維持國家安全、創造一個公平且自由的社會，還期許每一個美國人，要更積極的讓世界變成一個更好的地方。

最後結尾時，他說出了最讓人熟悉、傳誦的一段話：

我的同胞們，不要問你的國家能為你做什

麼；要問你能為你的國家做什麼。

我的世界同胞們，不要問美國能為你做什麼，要問我們在一起合作，能為人類的和平做什麼。

甘迺迪總統成了美國第一個天主教徒總統，也是第一個在 20 世紀出生的美國總統。

上任後，甘迺迪總統滿腔熱情、積極的開始他在白宮*的第一個任務──決定國務卿和所有內閣人選。他網羅了國內最頂尖的學者，擔任他內閣的重要成員和顧問，包括聘請他的弟弟巴比擔任首席檢察官*。

由於巴比太年輕，當時只有三十六歲，以這個年紀擔任國家司法部門的主管，引起很多人批評。甘迺迪總統回應說：「我要選擇一個最優秀的

---

*白宮：美國總統的官邸和辦公室。是一幢白色的建築物，故稱白宮。

*首席檢察官：相當於臺灣的司法部長。是政府的主要法律顧問，也是總統內閣的一分子。

人擔當這個職位，而巴比正是這樣的人選。」他用人唯才，內舉不避親，不會因為年齡或是其他條件的限制而排斥合適人選。

1962 年，甘迺迪家族中最年輕的泰迪，也贏了參議員選舉，進了國會。當時他只有三十歲。

一個家庭中有三名成員位居國家領導決策的高位，使「甘迺迪」成了美國政壇響亮的名字。有人甚至稱這個時期為「甘迺迪時代」。

「甘迺迪家」也成了美國很重要的、不可忽視的家族。約瑟多年前的心願，正一個接一個的慢慢實現。

和平部隊

在就職演說中，甘迺迪總統激勵他的國人：「不要問你的國家能為你做什麼；要問你能為你

的國家做什麼。」

　　上任六週後，總統為國人提供了用實際行動來回應這項挑戰的機會，他創辦了和平部隊。

　　和平部隊是一個美國志工組織。這些志工都是受過訓練的志願人士，被送到發展中國家提供技術服務，幫助落後國家的人們改善生活。他請妹妹優妮絲的先生當負責人。

　　和平部隊招募並訓練了許多學有專長的人士，例如醫生、老師、護士、木匠、農夫、建築工人、工程師、技術員。這些人前往貧窮落後的國家，貢獻他們的知識和技能。

　　或在叢林的村落裡，或在沙漠的帳篷間，和平部隊的志工們，幫助當地人挖井、築路、造橋、種植作物、興建學校、設立保健中心等等。和平部隊把美國人對其他族群的關懷，帶到世界的許多角落。

　　許多親身參與的年輕人都覺得這個計畫非常

有意義。於是和平部隊的志工越來越多 *，成為甘迺迪時代幾個非常成功的計畫之一。

甘迺迪總統還做了很多有意義的事。他關心所有貧窮和低收入的人。上任第一天，他就簽署了一道執行命令，將政府給失業者的食物津貼增加了一倍。不僅如此，他將愛心推廣到其他國家，他認為美國是世界上最富有的國家，應該幫助其他窮國。於是他擴大美國的食物援外計畫，每天都有滿載食物的貨輪，開往亞洲、非洲貧窮、饑荒的國家。此外，他還推行進步聯盟計畫，提供救援物資或經濟援助給拉丁美洲國家，強化了與中南美洲各國之間的關係。

他同時也支持運動和體育活動。他成立總統健身委員會，鼓勵年輕人多運動，保持健康的身心。很快的，不分男女老少，大家都出來慢跑或

＊和平部隊志工數量：第一年（1961年）才五百人，1963年達到五千人，1964年增加到一萬人。

運動。整個社會的健康和生活的品質都提高了。

廣受喜愛的新總統

美國人喜歡他們的新總統。新總統的身邊不只有「最好、最聰明」的人擔任幕僚和顧問，他本身充沛的精力和明快、有魅力的行事風格，也令美國民眾感到興奮和喜悅。

在電視實況轉播的第一次記者招待會上，一個記者問：「總統先生，請問您喜歡您的工作嗎？」

當了總統，仍不忘拿自己開玩笑：「薪水很好，而且還可以走路上班。」風趣的甘迺迪總統，讓美國人都為之傾倒。

年輕可愛的第一家庭給白宮帶來不一樣的氣氛。幼童的歡笑聲，在白宮各處響亮著。三歲的卡洛琳喜歡在白宮的草地上騎小毛驢，不滿一歲的小約翰，也常搖搖擺擺的出現在橢圓形辦公室。

　　幾年來，甘迺迪總統一直設法消除他的背痛，醫生建議他改用搖椅代替一般硬椅，因為搖椅持續輕緩的擺動可以減輕他的疼痛。從此年輕總統坐在搖椅上的樣子，成為美國人熟悉的畫面。

　　美麗的賈姬對文化、藝術的喜愛和鑑賞能

力，令人稱羨。她把白宮的室內擺飾重新布置，更利用電視轉播，親自為民眾作導覽。她的穿著打扮十分有品味，也成了女士們競相模仿的對象，甚至帶動流行，成為一股風潮。

古巴飛彈危機

二次大戰後，美國、蘇聯成了兩個超級強權，都擁有毀滅性的核子武器。美國是民主國家，蘇聯是共產國家。雖然沒有實際的爭戰，但兩國間的緊張對峙情況，形成了所謂的「冷戰」。

1959年古巴發生政變，共產革命領袖卡斯楚*推翻古巴共和政府，成立共產政權。古巴距離美國佛羅里達州只有一百四十五公里，卡斯楚領導的共產國家如此靠近美國，無疑是一大威脅。

當時的美國總統艾森豪意圖推翻卡斯楚，命令中央情報局*負責策劃。中情局認為倒不如利用流亡的古巴人士發動攻擊，讓整個事件看起來像是

古巴人自己的反共起義行動一般。於是中情局開始祕密組織「古巴軍」，並提供武器和軍事訓練。

　　甘迺迪總統即位後，中情局為了完成前任總統指派的任務，請求新總統下令執行古巴行動。上任還不到一個月，甘迺迪總統就批准了偷襲古巴的計畫。

　　「古巴軍」於 1961 年 4 月 17 日，悄悄登陸古巴南岸的豬玀灣。只是想不到，偷襲行動竟然會徹底失敗，一千多人被擄，近百人陣亡。

　　甘迺迪總統在他的辦公室來回踱步，徹夜不眠。

　　「我怎麼會如此愚蠢，真讓他們採取行動？」面對這場災難，他願承擔所有的責任和指責。

　　豬玀灣行動失敗後，卡斯楚在古巴的政權更

＊**卡斯楚**：古巴共產黨革命分子。帶領古巴革命軍於 1959 年推翻古巴共和國，成立共產社會主義國家。自任國家總理和國家最高統帥。

＊**中央情報局**：簡稱中情局，於 1947 年成立，是為美國政府搜集、分析國內外情報，從事間諜、反間諜工作的機構。它也負責維持美國在境外的軍事設備，在冷戰期間用於推翻外國政府。

加穩固，他進一步宣稱古巴將實施社會主義，並加強與蘇聯的關係。1962 年 7 月蘇聯總理赫魯雪夫＊與卡斯楚達成祕密協議，決定在古巴建造飛彈基地。蘇聯開始運送裝備到古巴。

1962 年 10 月 16 日早晨，甘迺迪總統正在吃早餐，國家安全顧問慌張的衝進來，向他報告一個驚人消息：「蘇聯正在古巴建造飛彈基地！」

原來美國的偵察機在古巴幾個疑似飛彈基地的區域，清楚的拍到數枚中程和中長程彈道飛彈的照片。

甘迺迪總統表面不動聲色，私底下對赫魯雪夫的欺瞞非常憤怒。他即刻召開緊急會議。會議的決議分成兩派，一派主張立刻入侵古巴，轟炸飛彈基地；一派主張實施軍事封鎖，禁止船艦運送武器到古巴，同時要求古巴拆除飛彈基地，撤走所有武器與設備。甘迺迪總統想到二戰時期自

＊赫魯雪夫：是當時蘇聯的國家主席、總理兼領導者。

己對於「掌權者」的領悟，決定採用後者，同時展開與赫魯雪夫的談判。

等待蘇聯答覆的期間，甘迺迪總統於 10 月 22 日在電視上告訴全國人民，正在古巴發生的事，整個美國頓時陷入極度的恐慌。首都華盛頓很可能是飛彈發射的第一個目標，總統要賈姬帶著孩子離開華府。但是賈姬決定留下來，陪他度過難關。

古巴海域被美國驅逐艦封鎖了，蘇聯貨輪和潛水艇無法通過，只得暫泊在海面上。雙方僵持了幾天後，貨輪轉向回航，美國軍機一路跟在後面，確保它們返回蘇聯。

　　10月26日，赫魯雪夫通知甘迺迪總統，只
要美國承諾不再入侵古巴，蘇聯願意撤走飛彈。
甘迺迪總統還來不及回應，10月27日，蘇聯駐
古巴的飛彈手已用地對空飛彈，射下一架美國偵
察機，同時還有一艘蘇聯戰艦正航向古巴，試圖
接近封鎖線。蘇聯明顯的挑釁行為，險些引起甘
迺迪政府採取武力的報復手段。甘迺迪總統擔心
激發全面戰爭，及時制止，並邀請聯合國出面，
改採和談的手段與蘇聯斡旋。

　　10月28日，甘迺迪總統、聯合國祕書長和
赫魯雪夫達成協議，蘇聯拆除古巴的設備，將所
有武器運回蘇聯，同時美國發表公開聲明，永不
入侵古巴。飛彈危機終於化解了。

　　1963年8月5日，美蘇兩國簽訂了《核子試
爆禁止條約》*。兩國同意減
少核爆試驗及武器競爭，降
低了可怕的核子武器威脅。
這個條約首開限武談判紀

錄，是後來許多限武協議的第一步。

甘迺迪總統臨危不亂，在緊要關頭，能夠沉著而勇敢的面對，致力和平談判取代武力攻擊。他的傑出作為，不僅避免了一場迫在眉睫的戰爭，更抑制了日後超級強權間軍備競賽的惡化，維護了世界和平。

美蘇太空競賽

早在二次大戰結束，美國政府即開始發展太空船計畫。幾年下來，利用火箭推進的太空船，發射到一次比一次更高的太空中。

1957 年，蘇聯發射第一顆人造衛星「史布特尼克」進入太空，繞行地球。這讓美國非常震驚。當時在冷戰的氣氛下，美國和蘇聯在許多方面是

＊**核子試爆禁止條約**：又稱《核子禁試條約》。1963 年美、蘇達成協議，禁止在空中、水底、外太空進行核子試爆。地底下的核子試爆，只要輻射殘留不外洩，就可以進行。此協議後來共有一百一十六個國家簽署。

競爭對手。美國決定加快腳步，要在太空競賽中趕上蘇聯。

1961 年 5 月 5 日，美國發射第一艘載人太空船，海軍飛行員亞倫‧雪佛成了第一個進入太空的美國人。他的太空艙「自由 7 號」雖然只飛了十五分鐘，卻令美國人心振奮，對未來的太空發展及探測滿懷希望。

同一個月，甘迺迪總統在國會提出一個遠大的夢想，他說：「我相信在這個年代結束之前，這個國家一定會達成一個目標：太空人登陸月球，並且平安歸來。」他告訴國會：「這段期間，沒有任何一個計畫比這個對人類更有意義，在長期太空探測上，也沒有其他計畫比它更重要了。為了達成目標，沒有什麼是太難或太貴。」

他請求眾議院大量撥款，支持 NASA * 的太空探測計畫。

---

*NASA：指美國國家航空暨太空總署。

　　1962 年約翰・格林成了第一位繞地球飛行的美國人。他完成了甘迺迪總統夢想的第一步。接下來，許多美國太空人成功的完成太空探測試驗，美國從此在太空競賽中遙遙領先蘇聯。

　　1969 年 7 月 20 日，幾乎整個世界的人都在電視機前，等待美國太空人阿姆斯壯和艾德林登

陸月球的畫面。許多人摒住呼吸，看著阿姆斯壯小心的將腳踏在月球的表面上。阿姆斯壯說：「我的一小步，人類的一大步。」

雖然無法親眼看到，勇於作夢的甘迺迪總統，他偉大的夢想真的實現了。

推展民權運動

在甘迺迪總統任內，他面臨的最大難題，不是在國外，也不是在太空，而是美國國內的民權問題。

雖然奴隸制度大約在一百年前結束，但是到了 1960 年代，仍然有數百萬美國黑人，特別是在南部各州的黑人，沒有得到基本的人權。

很多有白人的地方，黑人不能靠近。黑白隔離法令，讓黑人只能住在特定的區域，去上黑人的學校和教堂。餐館、店鋪、旅館、美容院、甚至喝水的地方，都有「只限白人」的標誌。公車

上，黑人只能坐在後面，如果白人沒座位，黑人必須讓座。

1950 年開始，黑人開始為爭取公民的平等待遇而反抗。

在甘迺迪成為總統之前，曾有一些民權法案通過。1954 年，美國最高法院通過法令，禁止學校施行黑白隔離，但是仍舊有許多學校沒有遵守。

1962 年，一位非裔美國人詹姆斯‧梅瑞迪斯想要到密西西比州一個全是白人的大學註冊。州長拒絕讓他入學，還有很多白人聚集在學校，嘲笑梅瑞迪斯，叫他「滾回家去」。梅瑞迪斯不為所動，堅持他入學的權利。

後來，美國高等法院命令學校讓梅瑞迪斯入學，竟有憤怒的暴民威脅要殺梅瑞迪斯。為了保護梅瑞迪斯的安全，並在入學時維持秩序，甘迺迪總統命令密西西比州的國民兵＊進駐校園。 在其他南部學校 ， 若有黑人學生想要進入白人大學，甘迺迪總統也會派聯邦軍隊去保護他。

甘迺迪總統推展民權運動，不遺餘力。1963年6月，他做了一場電視演說，告訴美國人：

> 自從林肯總統解放黑奴，已經耽擱了一百年……然而他們的子孫仍未得到完全的自由。他們還未從不公平的綑綁中得到自由，他們還未從社會和經濟的壓迫中得到自由。這個國家……尚未完全的自由，直到它全部的公民都獲得自由。

演講之後，甘迺迪總統向議會提出一個新的民權法案。這法案要給予美國黑人許多他們努力爭取的民權，包括禁止公共場所實施黑白隔離；檢察官有權力向不遵守的學校採取制止行動等等。

新的民權法案於1964年完成立法。遺憾的是，甘迺迪總統無法親眼見證這令人興奮的時刻。

＊**國民兵**：「國民警衛隊」的簡稱。是美國軍隊中的後備兵。士兵皆為民兵，平日從事各行各業，遇到緊急狀況如天災或暴動時才集合出動。

巨星殞落　舉世哀悼

達拉斯

　　總統任期的第三年，甘迺迪總統開始為競選連任作準備，畢竟還有許多有意義的重要計畫等待他去持續推行。

　　他知道在 1960 年總統大選那年，德州有很多人支持尼克森，他也知道有很多人反對他在民權方面的作法。甘迺迪總統認為不同的意見，可以經由善意的溝通而化解，所以他決定到德州去爭取民心。1963 年 11 月 22 日他準備前往達拉斯的貿易市場演講，去傳達他的理念。何況這次德州之行，還有賈姬作陪，他希望形象良好的第一夫

人能幫他爭取到更多的選票。

　　總統身旁的人，尤其是議會裡的朋友，對這趟旅行很擔心。

　　「達拉斯是一個很危險的地方。」富白特參議員警告他。

　　「我絕對不會去那裡。你也不要過去吧。」眾議員柏格甚至擔心總統可能會遭到攻擊。

　　但是總統一連幾天在聖安東尼、休士頓和華茲堡都受到廣大群眾熱烈的歡迎，對於朋友的擔憂也就不放在心上了。

　　中午時分，總統專機抵達達拉斯機場。一大群歡呼的民眾立刻蜂擁而上，歡迎他和賈姬的光臨。「這看起來不像是反甘迺迪的群眾。」甘迺迪總統開心的說。一長列車隊開往市區。總統和夫人坐在禮車的後座，同車的還有德州州長和夫人。副總統詹森和他的夫人坐另一輛車。

　　總統禮車是一輛敞篷車，有一層活動的車頂蓋可以防雨和防彈。當天天氣很好，甘迺迪總統

打開頂蓋，他想看看民眾，也想讓民眾看到他。

　　總統禮車經過達拉斯市區，夾道的群眾熱情的向他微笑、揮手。有個小女孩手上拿了一個標牌，上面寫著：「總統先生，您能不能停一下，和我握手？」親民的甘迺迪總統讓車隊停下來，跟小女孩握了手。

　　車隊轉入緬因街，人群更多了，數千人夾道歡迎，期待總統的禮車經過。

　　州長夫人看著塞住滿街的人潮說：「總統先生，現在你可不能說達拉斯人不歡迎你了！」

　　甘迺迪總統還來不及回答，槍聲突然響起。

　　禮車上有人驚叫：「喔，不──不──，不！」

　　甘迺迪總統被射中了脖子。他歪倒躺向賈姬。賈姬粉紅色的套裝上濺滿鮮血。

　　第二聲槍響，射中州長身體，州長嚴重受傷。

　　群眾還不知道發生了什麼事……

　　第三聲槍響，子彈射穿甘迺迪總統頭部。

車子急速穿過街道駛向最近的一家醫院。但是已經來不及了。

在醫院裡，醫生證實不幸的消息：「總統過世了！」

載著甘迺迪總統遺體回華盛頓的飛機上，副總統詹森宣誓成為新任總統。賈姬沉默的站在詹森的旁邊。

一天半後，凶手奧斯華被緝捕到案。過兩天，奧斯華在達拉斯警局裡，卻意外被另一名歹徒槍殺了。

很多人不相信奧斯華會單獨行動，更不相信凶手只有一人。群眾中有人說槍響來自兩個不同方向。但官方紀錄上，奧斯華是唯一的凶手。

甘迺迪總統的死，讓美國陷入極大的哀悼中，數百萬計的美國人像失去摯友一般難過，有

很多人聽到這個悲哀的消息，都忍不住流淚或大
哭起來。

　　不只美國，整個世界都受到震驚，無法理解
此事為何會發生，尤其竟會發生在這麼一位年
輕、充滿活力、重要而有作為的總統身上。

　　甘迺迪總統微笑的面孔，刊登在世界各大報
的首頁，散布在地球的每一個角落。

精神長存

　　從達拉斯回來之後，甘迺迪總統的遺體躺在
覆蓋著國旗的靈柩中，放置在國會的圓形大廳
裡。那兩天，國會大廳門外，成千上萬的民眾，
在寒冷中排隊數小時，只為了進入廳裡，跟他們
敬愛的總統道別。

　　11月25日喪禮那一天，各國領袖、使節和
數以萬計的美國人都來了。華盛頓的街道旁，擠
滿了哀傷的人們。

　　簡單隆重的喪禮彌撒在聖馬太天主堂舉行。彌撒儀式後，覆蓋著國旗的靈柩被抬上了馬車。

　　賈姬穿著黑色套裝，覆著黑色面紗，站在教堂的階梯上，旁邊站著卡洛琳和小約翰。當六匹灰馬拉著靈柩離開教堂之際，三歲的小約翰舉起手向父親行最後的敬禮。

　　小約翰舉手說再見的樣子，成為當時最有名的一張照片。看到的人，無不覺得眼熱或鼻酸。

　　在低沉的鼓聲中，灰馬拉著靈柩緩慢前進。後面跟著一匹沒有騎士的黑馬。馬鐙上放置了一雙朝後的空靴子，象徵殞落的國家元首。賈姬、神父和參加喪禮的所有人，默默的跟在後面。

　　隊伍行過華盛頓的街道，途經無數降了一半的國旗和哭泣的民眾，接著穿越波多馬克河，來到了阿靈頓國家墓園。

　　當甘迺迪總統的靈柩入土時，只見藍天上五十一架戰鬥機低空飛過，代表五十個州和詹森總統，地面上傳來二十一響禮炮聲，表達最後的敬

意。之後，沉重的喪禮安息號聲響起。靈柩上的
國旗被收起來，摺疊後交給賈姬。

　　甘迺迪總統墓地坐落的小山丘，可以俯瞰整
個華盛頓。在他的墓邊，設置了一盞永不熄滅的
火苗，象徵他的精神和勇氣，永遠長存。

後記

　　他原是一個平凡的孩子，因為有了「助人」的心願，憑藉著勇氣、機智及不懈的努力，終能出類拔萃，成為一個偉大的總統。他的故事勉勵了所有人：只要有遠大的志向和努力，任何人都可以出人頭地。

　　甘迺迪總統過世後，為了紀念他，許多公共設施，如機場、街道、禮堂等，紛紛用他的名字或名字縮寫 JFK 來命名；懷念、稱頌他的文字和演講，也多得數不清。

　　有人認為他與蘇聯簽署的《核子禁試條約》，給世界和平帶來保障，是他最大的成就；有人認為他促成「人類登陸月球」的夢想實現，對人類影響最大；還有很多人推崇他創辦的和平部隊，帶給整個世界無窮的關懷和援助，激勵更多的人道和公益活動，貢獻尤其偉大。

　　其實甘迺迪總統的成就，並未因他的逝世而終止。他倡導的民權運動、公共社會服務、太空計畫、《核子禁試條約》等等，仍在美國與全球各地引領著有志者前仆後繼。

　　在成就背後，他深富魅力的性格，也十分令人懷念。

　　甘迺迪總統生性開朗。他熱愛生命，笑看人生，以致再多的病痛，也擋不住他的樂觀和幽默。機智、風趣、愛自我解嘲，正是他的魅力所在。

　　甘迺迪總統喜愛閱讀，渴求新知，智慧高超，勇氣過人。他富有夢想，又有行動力，一直為實現夢想而努力。

　　他為弱勢族群爭取人權和

社會福利；以和平的方式，促進不同人群之間的了解。他關注世界、關懷人民，竭盡所能幫助他人。

就像從小仰慕的傳奇人物亞瑟王，甘迺迪總統試著成為一個正義、勇敢、值得尊敬的領導者。他激勵了所有美國人，懷抱希望和夢想，去追求一個更美好的未來。

雖然在總統的位子上只有一千多個日子，甘迺迪總統卻對人類歷史帶來顯著的影響。他也留給這個世界無盡的追思。

他就像一顆劃過天際的彗星，在燦爛的亮光之後消逝了。但是看過的人，永遠忘不掉他的光芒。

1917 年　在麻州布魯克萊鎮出生。

1919 年　感染猩紅熱。

1920 年　甘迺迪家從布魯克萊鎮的畢爾斯街，搬到那波斯路。

1923 年　開始上小學。

1924 年　轉學到德斯特小學。

1927 年　甘迺迪家搬到紐約河谷郡；甘迺迪家在海尼斯港購買別墅。

1928 年　甘迺迪家在布朗士維爾購買房子，並搬過去。

1930 年　就讀肯特貝瑞天主教寄宿中學；美國開始經濟大蕭條。

1931 年　轉至丘特寄宿中學。

1933 年　被診斷患有「愛迪生氏病」。

1935 年　被選為「最可能成功的畢業生」。

1935 年　就讀普林斯頓大學。

1936 年　轉學到哈佛大學。

1937 年	約瑟·甘迺迪（派駐英國）任美國駐英國大使，甘迺迪全家搬到倫敦。
1939 年	旅行歐洲許多國家；9 月第二次世界大戰爆發。
1940 年	哈佛大學畢業；第一本書《英格蘭為何睡著了》出版。
1941 年	9 月加入海軍；12 月美國向日本和德國宣戰。
1943 年	任巡邏艇 PT109 指揮官，PT109 被撞沉，JFK 救了倖存的所有船員。
1944 年	第一次脊椎手術失敗；小約瑟在從事祕密任務時喪生。
1946 年	選上眾議員。
1952 年	選上參議員。
1953 年	與賈桂琳·布維結婚。
1954 年	第二次脊椎手術。
1955 年	第三次脊椎手術；《勇者形象》出版。
1957 年	《勇者形象》榮獲普立茲傳記文學獎。
1960 年	贏得民主黨總統候選人提名；贏得總統選舉，成為美國第三十五任總統。
1961 年	創立和平部隊；豬玀灣偷襲失敗。
1963 年	與蘇聯簽訂《核子試爆禁止條約》；提出「民權法案」；在德州達拉斯被刺身亡。

Jack: The Early Years／Ilene Cooper 著

John F. Kennedy: Young People's President／Catherine C. Anderson 著

John F. Kennedy／Joyce Milton 著

John F. Kennedy: A Photographic Story of A Life／Howard S. Kaplan 著

John F. Kennedy／Kieran Doherty 著

國家圖書館出版品預行編目資料

約翰‧甘迺迪／簡學舜著;莊河源繪.－－初版一刷.－
－臺北市:三民, 2014
　　面;　公分.－－(兒童文學叢書/近代領航人物)

ISBN 978-957-14-5925-7　(平裝)

1.甘迺迪(Kennedy, John F.(John Fitzgerald), 1917–
1963) 2.傳記 3.通俗作品

781.08　　　　　　　　　　　　　　　　103011178

©　　約翰‧甘迺迪

著 作 人	簡學舜
繪 　 者	莊河源
主 　 編	張燕風
企劃編輯	莊婷婷
責任編輯	蔡宜珍
美術設計	張明萱

發 行 人	劉振強
著作財產權人	三民書局股份有限公司
發 行 所	三民書局股份有限公司
	地址　臺北市復興北路386號
	電話　(02)25006600
	郵撥帳號　0009998–5
門 市 部	(復北店)臺北市復興北路386號
	(重南店)臺北市重慶南路一段61號

出版日期	初版一刷　2014年7月
編 　 號	S 782440

行政院新聞局登記證局版臺業字第○二○○號

有著作權‧不准侵害

ISBN　978-957-14-5925-7　(平裝)

http://www.sanmin.com.tw　三民網路書店
※本書如有缺頁、破損或裝訂錯誤,請寄回本公司更換。